★

光光老師的

高情商教養學

跨越情緒教養關卡
磨人精也可以變身小天使

The Bright Discipline

A Parent's Guide to Raise Calm Kid

廖笙光（光光老師）——著

推薦文

用溫和堅定的態度對待孩子

小宇麻麻 知名親子部落客

你是否覺得教養孩子就像打怪一樣，總得經歷各種大大小小的關卡，好不容易過了一關，卻還有更困難的下一關在等著你？「生養容易教養難」這句話一點也沒錯。

時代一直在進步，現代有許多父母希望跳脫傳統的教養方式，大家漸漸明白，如果希望孩子擁有正向的人格特質，那麼就要盡量避免打罵、專制權威式的教育。我相信每位父母都希望能夠以溫和堅定的態度面對孩子，但是該怎麼做呢？我想最重要的就是要先看懂孩子。

《光光老師的高情商教養學》從生理和人格發展的角度切入，分析多種最讓家長懊惱的困境，例如愛唱反調、愛生氣、受挫力差等。光光老師深入解析這些行為背後的原因，並提供實際的應對方式，讓父母可以同理孩子，有更多耐心引導孩子，而非馴服孩子。如此一來，父母不但可以提供良好的身教示範，培養孩子穩定的性情與健全的人格發展，更能建立親子之間良好的依附關係，讓「教養」不再是難事。

真心推薦這本《光光老師的高情商教養學》，你會發現原來教養可以從不同的面向去思考，當孩子發生各種狀況的當下，也能淡定的一一解決。

推薦文

情緒是因果，不是個性

丘美珍 媽媽悅讀基地創辦人

身為三個孩子的母親，當孩子長大到青少年之後，我越來越少仰賴親子書作為教養準則，更多的是憑藉對孩子的觀察，以直覺來應對日常教養。但是，看完光光老師這本以情商為主題的教養書之後，我真的有突破盲點的成就感。

書裡面提到「情緒是因果，不是個性」，提醒父母要理解，孩子生理的發展還不到位時，有可能達不到父母或老師的要求；也提到了「情緒不是靠忍耐，而是靠同理」。這些很務實的觀點，都架構在孩子的日常情境中，讓我覺得非常容易理解吸收。

我特別有感觸的，是書裡提到，要改變孩子，父母親要先調整自己。所以，每一段情商教養的最後，都會給予父母親實用的建議。親子關係本來就是日常親子互動的結果，如果家長能有更廣闊的視野，來解讀孩子日常的所言所行，那麼，相信更美好的親子關係，指日可待！

推薦文

陪伴孩子面對每個人生關卡

沈雅琪 神老師&神媽咪

第一次見到光光老師，是在學校的週三進修，光光老師來學校跟大家討論注意力不集中、過動的孩子，全場演講讓我印象深刻的，是光光老師提到注意力不集中的孩子會有眼球顫動的問題，因此造成孩子學習被干擾中斷。我們常常會怪罪孩子上課不認真，無法專注，但是我從來沒想過是這個因素，面對這樣的狀況，孩子不僅無助，還要承受被質疑的壓力。

光光老師在書中用很多日常生活可能面臨的問題，讓我們了解孩子的困境，像是他形容注意力不集中的孩子隨時受到外來刺激，就像我們失眠整個星期一樣疲憊而暴躁。這樣貼切的說明，讓我更能體會孩子因生理問題而有很多外顯干擾自己及他人的行為。了解孩子的困境後，光光老師也提供許多實際可以減敏、改善的策略，只需要照顧者透過一些遊戲和技巧，就能讓孩子慢慢的不再老是需要大聲提醒。

看這本書時，我的腦中浮現幾年前帶過一個情緒障礙又過動的孩子，一點大家覺得稀鬆平常的小事，他卻大哭大鬧、大發脾氣，為了穩定他的情緒真是費盡心思。如果當時有這本書的提醒，透過一個個方法去嘗試，我會不會就能縮短跟他的磨合期，早一點找到跟他和平共處的方法？

養育孩子實在不容易，每個人都希望遇到完美的天使，真正面對孩子時，卻常常因為孩子的分離焦慮、害羞、沒有耐心、難以相處等等行為抓狂。我們只想到孩子讓人難以忍受的一面，卻從沒想過每種行為都有它背後的原因。透過光光老師提供的方法，就能跟擁有不同個人特質的孩子相處。

這是一本老師和父母都應該閱讀的書，透過光光老師的專業和經驗，讓我們更了解孩子。身為父母和老師，我們要做的就如光光老師所說，不是培養一個乖巧的孩子，也不是幫孩子跳過眼前的困擾，而是了解問題背後的原因，並且給予陪伴與引導。把大人的角色定位好，接受孩子的與眾不同，協助他更容易與人相處，陪伴孩子去面對每一個人生的關卡。

推薦文

打開爸媽心中疑惑的那把鑰匙

何翩翩 親子作家

我曾經遇過一個小男生，有著非常明顯的過動傾向。在陪伴他的過程中，我嘗試各種面向的方式與策略想要幫助他，包括在初期發現時，就積極和家長會談，蒐集孩子在團體中具體的行為狀況，和家長分享孩子在團體中的挫敗。雖然在接手這個孩子之前就已經聽聞其他老師告訴我，孩子的父母不願意進到醫療評估的部分，但我還是不放棄的嘗試了。結果可惜還是不如人意，不過當下我也轉念告訴自己，如果家長還沒有準備好接受孩子真正的樣貌，有些時候我們也急不得，因此身為孩子的師長，眼前能做的，就是盡全力輔導這個孩子。

在光光老師的書中，我看到好多清楚分析孩子行為失序時的起因，尤其是敏感型的孩子，他們的壓力可能來自於比一般人更高的警醒度，也可能是周遭充斥的3C不斷干擾他的專注力。我很喜歡光光老師提醒家長們要記得「學會放開油門」，因為唯有「當孩子學會認識自己的『轉速表』，爸媽才不用一直當『紅綠燈』」。

當時在處理這位衝動性過高、控制力很低的孩子時，我很努力在他身邊提醒他：「你剛才因為同學不聽你的就動手推人，這就是控制力太差。如果你沒有辦法控制好自己，很抱歉，接下來的時間你必須坐在我旁邊休息，讓我幫助你控制自己。」而其中很重要的重點是，我在陳述這些話語時，盡可能收起責備的口吻，因為我相信他已經聽過太多大家對他的指責，因此我得更真心坦誠的提出可行方案，讓他知道我唯一的目的就是想幫助他控制住自己的衝動性，而不是只想著用高壓的方式管束他。

剛開始時，我提議都沒說完，小男孩就馬上直覺式的說「不要」，到後來他終於感受到我的誠意，會認真的思考後再告訴我他接不接受這個提議。對我而言就像是《小王子》裡的那隻小狐狸，終於慢慢的被馴服了，但我希望他不是只有讓我馴服，而是能漸漸被團體生活馴服，如此一來，他才有可能真正被大家接受，並了解自己的弱勢，能夠接受自己、面對自己。

隨著孩子年齡的增加，在面對孩子時，如果家庭問題超過我們能處理的範疇，我就會把心思放在帶著孩子自我覺察，因為給孩子魚吃，還不如給他一支釣竿。如同光光老師所說的，幫助搞不清狀況的孩子，將內在轉速調整到適當「步調」，自然就可以適當融入情境當中，才可以有最佳表現。當然，如果孩子很幸運擁有一個願意真正懂他、接納他的爸媽，那肯定會比老師、學校來得更有效果。我也相信光光老師的這本著作，會是打開爸媽心中疑惑的那把鑰匙。

推薦文

懂孩子，比教孩子更重要

吳霈蓁 豆豆媽咪、知名親子部落客

我時常和光光老師討論豆豆兄弟倆的狀況，有時候覺得哥哥越來越難溝通、弟弟越來越不受控，兄弟倆聚在一起常常吵到天花板都快翻掉，生兩個兒子真的讓我心力交瘁。

一直到帶哥哥給光光老師評估，才知道他有亞斯伯格特質，所以常常在語意邏輯上卡關或當機。以前我總認為他「講不聽」、「白目」、「難溝通」，其實他不是故意的。理解他之後，我反而覺得這樣一板一眼的孩子很可愛。

我一直是光光老師的書迷，從主持「中廣愛健康」訪問光光老師的第一本書《三步驟，教出行為不脫序的孩子》開始，每次遇到難解的關卡，就會去翻光光老師的書，去理解孩子行為和情緒背後的原因，然後就能一步一步突破關卡。

這本新書《光光老師的高情商教養學》，更是教我們從神經生理的角度去認識孩子，並且從人格發展的角度看孩子們鬧情緒背後的問題。例如我常覺得快滿三歲的弟弟個性很差，什麼都要搶第一，和哥哥在一起按電梯要搶第一，開門要搶第一，連洗個手都要搶第一，搶不到就生氣崩潰，媽媽真的心好累……

看了書後才知道，原來是因為他這個階段正在發展「自信心」，並不是真的壞脾氣，而是我們要用對方法，例如引導他用輪流的方式，教他學會等待，並且訓練他們的挫折容忍度等等，不要強迫他們不可以搶第一，這樣反而會讓孩子的自信心受到壓抑哦！

很多人都說孩子是一張白紙，可塑性很高，你想要小孩以後長大變成什麼樣子，就看你怎麼教。但是，其實每個孩子都是不同的個體，與生俱來的氣質和個性都不一樣，理解他們，比教他們更重要。

讓我們一起打開這本書，認識孩子情緒的祕密，相信可以讓大家少長一些白頭髮，皺紋也少一些唷！（笑）

推薦文

與孩子一起用高情商面對自己

凱若 親子暢銷書作家

在養育孩子的過程中，許多爸媽應該都與我一樣有過百般無奈、仰著頭問上天「為什麼」的時刻吧！這本《光光老師的高情商教養學》為「無語問蒼天」的父母親提供了一些生物學和兒童發展學方向的科學解答。讀完了，你或許也會與我一樣，有著「原來如此」的釋懷感啊！

在與孩子相處的過程中，我努力理解他們不同的性格與喜好，磨合出彼此的生活秩序。想來真是奇妙，有許多同樣家庭長大的手足，在相似的基因與環境之下，卻發展出完全不同的性情與習慣。

我的兩個孩子，就有著迥異的個性。這從他們一到人間連眼睛都還睜不開的時刻起，身為媽媽的我就能感受到。我的女兒勇敢熱情，不害怕新事物，但也常被說是「神經大條」的大姐大；兒子心思細膩敏感，總是喜歡親親抱抱，十分貼心，但也對周遭環境比較謹慎，不太喜歡改變既有的行程。光是一個鈍感、一個敏感，就讓媽媽要練就用不同語氣與態度來面對同樣狀況題的功力。

在這本書中，光光老師用「轉速表」的概念來闡述孩子內在的運作狀態，讓父母親可以時刻覺察到孩子目前所處的階段，也能用更同理的態度來應對。當面對孩子「交感神經過度旺盛」的時候，也可以利用大擁抱、深呼吸、嚼東西等方法來讓孩子沉靜下來。這些實際的祕技教學，肯定會讓父母親受用無窮！

父母親是孩子建立安全感與自我認知的初次經驗。誠摯推薦用心的父母，從《光光老師的高情商教養學》再次來認識您的寶貝，和他們一起用高情商面對自己，走向世界。

推薦文

孩子與爸媽之間的溝通師

羅怡君 親職溝通作家與講師

被大人們私下戲稱「半獸人」的學齡前兒童，每天辛苦的一步步探索世界，並藉由生活經驗建立起應對態度。光光老師就是那位神奇的「溝通師」，不只以科學醫學的角度理解，加上與孩子的需求連結、充滿人性的詮釋，擔任孩子與爸媽之間的心靈翻譯。

本書將常見的幼兒情緒問題一一挑出，那些看似散亂令人焦慮的問題，卻是孩子重要的五大發展歷程。光光老師獨特的教養觀點與生動的比喻，讓每天打怪的家長看懂孩子發出的訊號，迅速調整，並從中建立家長的成就感——這一切都是過程而非挫折！

目錄

前言

認識孩子情緒的祕密

每個人因生理或心理上的差異，導致我們做出不同的決定。

很多時候，孩子並不是不聽話，只是抵抗壓力的能力不成熟，因此大人常常越責備，造成的問題越大。當這個反應成為一種「習慣」之後，往往造就出孩子的「性格」，並影響到日後孩子對於事情的「決定」。

每個孩子的氣質是天生的，其中的情緒表現也有發展的歷程，他們從生活經驗的回饋中不斷修正與調整，漸漸內化成自己的性格，也造就出情緒的外在表現。對於正在學習表達情感的孩子們來說，我們需要做的，是在安全保護的情境下，讓孩子學習如何面對挫折，並學會克服困難，不要一味的讓孩子尋求快樂。成長不是永遠的樂，有時更是一種痛，痛過以後才能體會快樂的不同。

這本書的內容分為兩大部分：「認識篇」與「問題篇」。

第一部是「認識篇」。從神經生理學的角度出發，說明為何同樣一件事，每一個人會做出不同的決定。如果人都非常理性，大家的決定應該都一樣，不是嗎？那麼到底是什麼影響了我們的決策？我們可以從「感覺調節」的觀點出發，了解背後的神經生理因素。

不要將孩子所有的行為都歸因為「個性」問題，而忽略了「真實能力」對他的影響，例如一個擔心自己跑太慢的孩子，與其給他大量的鼓勵，不如培養他的大腿肌力。「改變孩子的能力」比「擔心孩子沒自信」來得更容易。在引導孩子時，不是要求孩子控制情緒，而是讓孩子學會了解自己，先學會看到自己的感受，才能做出恰當的情緒表達。

第二部到第六部則是「問題篇」，從人格發展的角度來看不同情境下，孩子為何會鬧脾氣或有情緒，聽不進道理。

很多媽媽都問我說，孩子的脾氣很壞怎麼辦？這問題真的很難回答，因為每個孩子的狀況都不一樣。

對我來說，問題不在喜怒哀樂，而是背後的原因。以「愛生氣」這狀況為例，同樣是生氣的情緒，卻可能來自不同的原因，比方說因為害怕而出現攻擊、因為別人不配合而生氣、只對爸爸（媽媽）鬧情緒，這些狀況背後的原因都不盡相同。

成長不會總是充滿喜悅，更多時候是五味雜陳。沒有嘗試過失敗的挫折感，又如何享受克服難關時的成就感呢？情緒不只是喜怒哀樂的外在表現，更多時候是孩子發展過程中上必經的課題，等待孩子學會一一克服，才能建構出完整的人格與個性。

情緒是個發展的歷程，在不同年齡有不同目標。孩子並不是在鬧脾氣，而是在學著克服當前的目標，處理那些因不熟練而引發的大大小小問題。比方說孩子三歲時在發展「自信心」，凡事都想表現到最好，但會出現一個副作用就是「愛搶第一」，只要沒有拿到第一，馬上崩潰大哭。這些狀況都是發展的必經階段，孩子必須學會面對與處理，才能為下一階段做好準備。

我們也可以透過這本書，認識在人格發展的五個階段（安全感、自我概念、自信心、權力慾、自我控制）中，孩子可能會碰到的情緒困擾，以及爸媽該如何解決這些問題。

附帶一提的是，我在問題篇的每一章最前面，都設計了一個「選擇題」，這些問題並沒有標準答案。一來是每個孩子都不太一樣，二來事件發生的背景也不大相同。情緒，從來不是靠忍耐，而是一種選擇。在閱讀內文之前，請先選定自己的答案，讀完之後再回顧一下，看看是否有些不同的想法了。或許，你也可以透過這個小小的互動有些更深刻的體會。

爸媽不是要培養出一個乖順聽話的孩子，也不是只要幫孩子跳過眼前困擾就好，而應該是了解問題背後的原因，給予陪伴並引導孩子。這些發展階段都是人生的必修課題，遲早必須面對，小的時候幫孩子跳過，日後還是要還回來的。千萬不要覺得孩子還小，凡事應該順著他，其實越小的孩子，越需要爸媽的帶領。我們要成為孩子人生的燈塔，指引他們發展出健全的人格與情緒。

讓我們用新的觀點來了解孩子的情緒形成原因，以及解決情緒困擾的建議方法吧！一起打開這本書，認識孩子情緒的祕密。

第一部

認識篇

孩子有情緒，並不是不聽話，而是他看不懂自己大腦裡的「儀表板」。 我們需要做的，是教他靜下心來觀察自己的感受，運用一些具體動作學會自我調節與抒發。

情緒波動的世界

孩子在犯錯時，最常說的一句話是：「不是我，我才沒有！」大人聽了常常會認為這是藉口，但其實很有可能是真的。人類的慣性通常是懶得做決定，因為這當中需要花費太多腦力與心神去思考。但孩子則是常在思考之前就做下決定，事後要後悔往往來不及。

那麼，到底是誰做的決定呢？

在協助孩子的過程中，我們發現很多時候不是孩子不配合，也不是孩子的個性不好，而是他們處在一個「加速世界」，一切都像掛上加速器一樣奔馳著，但是孩子的生理卻有一定的步調，不是我們說要快一點就可以變快。當加速與成長失去了平衡，孩子難免受到更多挫折，情緒也變得更容易波動。

接下來我們就從神經生理學的角度來認識「情緒」，或許你也會有些新的發現與理解，並給予孩子更多的包容。

01

從生理演化談起

人類演化初期的設計，不是用來讀書和坐辦公室的，相反的是為了方便跑步與移動。相較於許多跑很快的動物，人類其實跑得算慢，但優勢卻是在團體合作與長距離跑步上。

從非洲原始部落的狩獵研究發現，人類透過圍獵的方式驚嚇或追趕動物到特定的圍獵地點，趁牠們累得精疲力竭時才開始真正狩獵。所以維持生存，才是人類最原始的設計，寫字與算數都是演化的副產品，而不是最初的主要功能。

荒野求生的天性

Discovery頻道的《荒野求生》節目，將一個習慣文明生活的都市人丟到蠻荒地帶，讓他獨自一人在野外求生。在陌生的野外，即便是一群野狗的嚎叫都會讓人立即從睡夢中驚醒，查看帳篷外的狀況。突然之間，我們沉睡多年的感官被喚醒，在黑暗中我們變得警覺，看東西都變得更清晰；甚至野狗的腳步聲穿過灌木叢或折斷小枯枝，都難逃過我們的耳朵。為何我們可以突然變得如此靈敏，彷彿像是平常在生活中都沒有睜開雙眼、打開耳朵呢？

攻擊與逃跑反應（Fight-or-flight response）可以解答我們的疑惑。這是一種求生存的原始反應。當生物遭受生存上的巨大威脅時，大腦的邊緣系統中的杏仁核就會活躍，打開大腦中的警報器，有如鈴聲大作一般的提醒我們注意、注意、注意，讓我們警覺到威脅的存在。這時，大腦將所有資源集中在感官，並且透過腎上腺素讓我們呼吸急促、心跳加速、肌肉緊繃，將身體設定為「備戰狀態」。這個時候，我們的理性思維受到壓抑，只剩下兩種單純的抉擇：「逃跑」或「攻擊」。這兩種反應可以幫助我們在危險中保護自己。

在人類都市化之前的漫長歲月，生活中難免碰到野獸威脅等必須面對的壓力，這樣的原始反應可以幫助求生，甚至是存活的關鍵。但隨著生活模式改變，原本具有威脅的野獸早已消失，即使碰到也是在動物園的牢籠中，隔著欄杆或玻璃，完全不構成威脅。隨之而來的工作、讀書、人際、金錢等等壓力，卻取代了吃人的野獸，持續影響到我們的情緒與行為。原本是求生存必須的「優勢」反應，一夕之間就豬羊變色成為另一種「負擔」。

從這個生理演化的角度來看，我們必須說，容易情緒激動的孩子，其實不是脾氣壞，只是被求生本能綁架了。

壓力本身並不壞

最近在台北街頭有越來越多娃娃機店，上面還寫著「第二代自動販賣機」。所謂「第一代」的自動販賣機，只要你投二十元再按下按鍵，立即就可以得到一罐你選的飲料，而「第二代」的自動販賣機，是你投下十元後還要操作搖桿，爪子往下抓起卻不一定可以得到任何東西。想想看，你會在一台自動販賣機連續投十罐飲料嗎？肯定不會吧。那為何有那麼多人不停將十元投入夾娃娃機呢？

從神經生理的角度來看，「抓娃娃」和「看恐怖片」是同一件事。當你按下按鈕，看著爪子緩緩下降抓到娃娃時，在搖搖晃晃要掉下不掉的那瞬間，你的心也跟著緊張起來，越靠近洞口，心跳得越快。感覺明明有機會，但又不能確定；明明沒有把握，卻好運的抓到了。就是這種不確定感，這種讓人緊張又期待的感受，讓我們的大腦深深上癮，不自覺就把口袋裡的硬幣全部投到機器裡面。

同樣的，當你在疲憊工作後，晚上買票去看恐怖片，坐在漆黑的電影院中享受被「驚嚇」的感覺，不也是期望一種心跳加速的緊張感。這種「虛擬威脅」也稱作「可控制的壓力」，我們清楚知道是假的，不會真正威脅到我們，但又可以讓我們感到「緊張」，也讓人深深上癮。

對大腦而言，沒有外在威脅和壓力時，就會開始昏沉，需要尋求一些「刺激」來喚醒大腦，這時候，「夾娃娃」或「恐怖片」給予的「可控制的壓力」，能讓我們在短時間內精神為之一振，也讓人欲罷不能。

壓力本身並不壞，甚至對大腦是有幫助的。在電影《駭客任務》中有個橋段，描述最初母體設定的背景是個沒有壓力的烏托邦，卻導致人類大量滅絕。這種在生活中適當的壓力，絕對有必要性。當完全沒有壓力時，我們不會覺得快樂，甚至會感覺「無聊」。正因為有壓力，要面對環境中的新挑戰，大腦才會不斷創造出新的神經連結，加速我們的思考與行動的效率，在反覆克服難關的過程中，獲得成就與喜悅，生活才會過得有滋味。因此「壓力」向來是生活的必需品，而不是一種處罰。

「壓力」對我們而言，通常被歸類為負面的詞彙，但是沒有壓力絕不會是天堂。「快樂」與「壓力」就像硬幣的正反兩面，永遠分不開。因此，我們不是要幫孩子避免掉一切的壓力，那樣他們只會越來越感到無聊，而不是感受快樂。

麥克風太敏感

接下來，我們討論一下「敏感」這個造成情緒波動的關鍵。相對於「遲鈍」給人的感覺，「敏感」似乎好多了，然而「太敏感」似乎對很多人來說，代表著「抗壓性不夠」，很容易內在受傷。

比方說，我們硬是將錄音室等級的專業麥克風，裝在每天使用的手機上，那肯定每支手機都還要在外面再套上一個「絨毛套」，不然電話那頭的人會聽到一大堆的風切聲，吵得要命，卻不一定聽得清楚你在說什麼。同樣的，當感官過度敏感時，生活中再平常不過的刺激也會變得過度強烈而令人難以接受，甚至會感到疼痛，引發負面情緒。

這也就是為何有些孩子對一點點小事也會非常計較，經常鬧脾氣，好說歹說都不聽，往往要搞到爸媽理智斷線、大發雷霆才能搞定。這樣的孩子當然不是個性不好，只是對感覺刺激太過敏感，他會把所有的刺激都放大好幾倍，導致大腦無法有效處理問題，而出現當機的狀況。這時如果還是不停對他說道理，他的大腦會堆積更多無法處理的訊息，最後就會呈現出鬧脾氣的情況。

感覺調節（Sensory Modulation）指的是將外在世界的刺激放大或縮小的功

能。外在世界的感官刺激，經由眼睛、耳朵、皮膚等器官轉換成電子訊號，透過神經系統傳遞至丘腦（thalamus）匯集，在這裡先做初步的刪減與調節後，才會再往上投射到對應的大腦皮質，讓我們的意識可以察覺。這是一個聰明的設計，由於外在世界給的訊息太多，但是大腦資源有限，必須做最好的運用。如果所有的訊息大腦都要立即處理與判斷，那麼很可能早上醒來，還沒到辦公室，我們的大腦就已經過度負荷而精疲力竭了。

相信大家都有這個經驗，打開別人傳過來的一段小影片，這時突然傳出超大聲響，一時找不到如何調小聲音，真的會讓你手忙腳亂且尷尬不已。音量調整是手機再基本不過的功能，但是如果突然故障，在生活上卻會造成很多困擾。同樣的，如果大腦的感覺調節出問題，因為無法調節刺激的強度，導致「無害」的感覺刺激也誘發出「壓力反應」，讓孩子瞬間進入「攻擊與逃跑反應」的陷阱裡，孩子的情緒當然就好不到哪裡去。

由於處理中樞並不在大腦皮質，而是在丘腦，孩子往往無法察覺自己為何做出這樣的決定，甚至會一直找理由亂解釋，就更容易讓爸媽或老師認為他是故意的。但其實我們不應該誤會孩子，他們會這樣，就是感覺處理失調（(Sensory Processing Disorder）造成的。孩子在感受上與他人不同，當然所做的決定也會不同，卻不容易被他人理解。常見的行為特質如下：

- 抗拒被觸碰或擁抱。
- 不喜歡洗澡、洗頭、洗臉。
- 害怕剪頭髮，不喜歡梳頭。
- 只穿特定衣服，抗拒穿毛衣等有特殊觸感的衣物。
- 吃東西很挑剔，只吃熟悉的食物。
- 對於氣味敏感，抱怨很臭、想吐。
- 害怕特定聲音，如：吹風機、吸塵器……等。
- 雙手緊握不放，不肯脫襪子走路。
- 懼怕突發移動，如：遊樂設施、騎腳踏車……等。

「太敏感」常導致孩子對一點點小刺激都會覺得很不舒服，抵抗外界壓力的能力就變得脆弱。這樣的孩子，我們應該給予的協助就是要降低孩子的敏感度。

在「高壓世代」長大的孩子們，「鈍感」一點反而更有優勢，不是嗎？

02

身體裡的平行世界

大腦是人類最神奇的部分，讓我們有超越所有動物的心智能力，也讓我們誤以為大腦無所不能，意志力可以控制一切。但是，或許你不知道，人的身體有一半是不能自己控制的。

就讓我們一起來認識身體裡的平行世界。

關燈工廠2.0

隨著AI人工智能的發展，加上機器手臂的研發，「關燈工廠」一詞越來越常出現。當一切都變自動化，人們只需要坐在辦公桌前遠端監控著機器人生產產品。既然工廠都不需要人，機器手臂也不需要眼睛，當然就不需要開燈了。

這聽起來像是科幻小說的情節，卻非常可能在十年內達成。但其實，每個人的身體裡都有一個「關燈工廠」，只是它運作得太完美，以至於我們根本忽略了它的存在。

當你忙完一天的工作，疲累的回到家，一看到床可能連衣服都懶得脫就倒頭大睡。當你在睡眠的同時，其實身體裡的工廠依然不停運作，負責呼吸的呼吸，該消化的消化，運送代謝廢物的也沒有偷懶，一切按部就班運行，完全不需要大腦來操心。

我們常常會覺得是由意識來決定身體的一切，但我們對於身體的控制其實非常有限，以最熟悉的「吃」這個動作來看，人類的消化道總長度大約六百到八百公分，足足是身高的三到四倍，但是我們真正可以感覺與控制的部分只有短短的二十到三十公分。嘴唇、舌頭、咀嚼肌、食道的前三分之一，是由「骨骼肌」所構成，因此我們可以品嘗味道，發出各種聲音，甚至當食物卡到牙縫，也可以用舌頭幫忙你解決這個小問題。但是當食物越過這個分界點來到食道的後三分之二，經過胃、小腸、大腸這些由「平滑肌」構成的部分，所有控制權限就轉到「自動化」的過程，除非出了大問題，不然大腦是感覺不到整個消化的歷程。

這是人體非常聰明的設計，讓一切變得自動化而不需要思考，可以有效節省大腦資源。不然，吃飯完我們就只能坐在原地，指示各種不同的器官運作，哪有時間可以思考與休息呢？

你有失眠過嗎？

你有沒有過這樣的經驗？人累到虛脫，但是躺在床上卻無論如何都無法入眠，這樣的失眠狀況，就是人體的「自動化」出現小狀況，導致你無論如何「命令」自己睡覺，依然無法成功。

人類的周邊神經系統以意識控制作為區分，可以分為「軀體神經系統」與「自律神經系統」。軀體神經系統負責外在感覺輸入，以及骨骼肌的運作，例如：想喝水時可以伸手拿起水杯，並且感覺有點涼、有點重量。這部分可以依照我們意識隨意控制肌肉，做出不同的動作與姿勢。

我們還有另一個神經系統，稱為「自律神經系統」。它是負責控制非意識的功能，像是平滑肌組成的內臟（心、肝、脾、肺、腎……等），就是人體的自動化工廠，並且藉由「交感神經」與「副交感神經」的作用，控制工廠的運行。

「交感神經」在緊急情況下驅動，讓人們可以保持高度警覺性，所有感官都變得更加敏感，在危急情況下讓我們可以快速反應。而「副交感神經」是在休息情況下驅動，讓人們可以維持情緒的平靜，也讓我們放慢步調保持愉快，身體與大腦都能得到充分的休息。

大多數情況下，我們的交感神經與副交感神經會維持適當的平衡，具有活力又不過度興奮。不過偶爾也會失衡，當交感神經過度活化時，就會導致失眠的情況。這時感官會變得過度敏感，對於壓力的承受度變更低，情緒的波動自然也會更為劇烈。

由此看來，很多時候孩子並不是不配合，也不是愛鬧脾氣，只是內在平衡的控制力尚未成熟，容易受到環境的「外來刺激」干擾。想像一下，當你連續失眠一整個星期後，情緒會好還是不好呢？

只是太敏感

當孩子過度敏感時，一點點小事情也會引起巨大反應，這就很容易讓爸媽傷腦筋了。為何孩子會高度敏感？是天生如此，還是教養導致的呢？讓我們先來了解三個可能的成因：

一、懷孕前期的壓力過大

人類沒辦法決定自己的出生地，可能誕生在安逸的環境，也可能出生在嚴苛的環境中。遺傳基因雖然是固定的，卻依然有一定的彈性，有如一個控制開關可以開啟或關閉，特別是在懷孕前期的前三個月，正是胎兒神經系統形成分化的階段，這時期會影響到孩子一生的設定。

在原始生活中，人類的壓力源大抵可分為兩種：外來威脅與食物不足。前者，嬰兒必須保持警覺，一點風吹草動就要哇哇大叫的求助；後者，因為需要經常遷徙，嬰兒必須體能更好，盡早跟上爸媽的步伐。這些都是為了求生存而必備的「內建程序」。但是現在人類的生活剛好完全相反，當壓力越大、工作越疲勞時，寶貝的設定反而更為敏感、活躍，當然家庭衝突也變得更多。

如此說來，胎教還真的有點科學依據，只是重點不只是胎兒的營養，而是如何保持媽媽的心情愉快。

二、過度保護而經驗不足

人類不像無尾熊、貓熊，只吃單一食物生活，反而更像老鼠一樣什麼都吃。老鼠什麼都吃，是為了避免食物缺乏而挨餓，但也必須承擔另一個風險，那就是「中毒」。這時「記憶力」對老鼠來說就非常重要，在幼鼠時必須牢牢記住父母曾給過的食物種類，長大後脫離照顧，牠們會偏愛曾吃過的食物。給予幼鼠一個未嘗試過的味道，大腦內的警鈴就會提醒牠要小心避免中毒。一直到成鼠之後，隨著生存技巧的完全成熟，牠們才會再度開始嘗試一些未知的新滋味。

人類嬰兒也是如此，在與照顧者建立良好的依附關係後，相信爸媽給予的一切都很安全可靠。有安全感做靠山，寶貝對新奇的感覺經驗才會產生好奇心，接受度也特別高，更會喜歡不停學習與吸收。相反的，當四、五歲以後，孩子對於新刺激的接受度會減低，甚至會出現抗拒的情況，這時要再說服孩子接受新的刺激，往往需要花費更多心思。

爸媽在幼兒時期過度呵護，什麼都不敢讓孩子碰觸，任何東西都嫌髒，往往會限制孩子主動尋求感覺經驗的機會，導致孩子對安全但不熟悉的感覺刺激也會引發過度強烈的行為反應，也就是特別敏感。

三、壓力誘發調節困擾

你有沒有拿過一大塊的冰塊，放在掌中感覺到的不是冰，而是一種刺痛的感覺？過於強烈的感覺刺激，對神經系統來說是負擔，也是一種壓力。同樣的，長期處在噪音中，雖然不是身體上的碰觸，但由於神經系統不停被刺激喚醒，這也是一種壓力。當交感神經系統長時間的驅動，身體會不自覺保持在「攻擊與逃跑反應」準備啟動的狀態，當然更容易產生情緒波動。

此外，最容易被家長忽略的是「晚睡」對於孩子的影響。基本上除非有外在威脅，不然人是不會熬夜的，因為深層睡眠是大腦在代謝廢物的時刻，光是睡眠剝奪就足以構成巨大的壓力。但是現在孩子卻普遍越來越晚睡，無形中也增加孩子情緒波動的風險。

和爸媽想像的不同，「壓力」不單單是考試、學業、經濟上的威脅，過多或過強的感覺刺激都會增加大腦處理訊息的負擔，當然也會降低情緒控制的能力。

人體內有一個平行的世界是我們沒辦法察覺的，但它的運行是否正常，卻深深影響著我們，甚至會決定我們的判斷與情緒。

被綁架的大腦

隨著智慧型手機發明，人們的生活變得越來越便利，只要一機在手，走到哪裡都是「行動辦公室」。可是方便也有代價，我們工作與休閒的界線變得越來越模糊，下班後依然在處理工作上的事。對於「時間管理」已經成熟的成人來說，這不是什麼大事，但是對孩子而言，卻是一個可怕的陷阱，會讓他們的大腦被手機綁架卻還不自知。

在打電玩時，透過螢幕呈現的「虛假的威脅」，會誘使大腦內的「邊緣系統」過度活化，讓人們沉浸在遊戲的緊張刺激中，注意力完全集中在螢幕上，情緒也隨著遊戲起伏。這時孩子雖然靜靜坐著，用手指在玩，但大腦裡卻處於「打架」的設定，誘發原始設定的攻擊與逃跑反應。孩子的神經系統正處於高度喚醒的狀態，只要再額外加上一點不預期的刺激，就可能導致大腦因超載而崩潰，自然容易情緒失控。

我們往往太強調理性思考的能力，卻忽略生理結構的影響，才會將所有的錯誤都怪罪在孩子不配合上。但其實我們要說服的不是「大腦」，而是大腦底部的「邊緣系統」。因此，與其和孩子不停講道理，不如先帶孩子到相對安靜的地方，減少環境的刺激量，反而能幫助大腦變平靜。

我們應該要怪的，不是孩子的壞脾氣，而是為何給他玩手機。我並不排斥讓孩子使用3C產品，但是在給予時必須有原則，而不是把手機當保母，讓孩子整天盯著不放。請將手機的「使用權」掌握在爸媽手中，不要讓還沒有自制力的孩子決定一切，那會一場可怕的災難。

誠摯建議你，在進家門前先把自己手機調成「靜音模式」，盡量減少在孩子面前玩手機的機會，不要讓孩子的大腦從小就被3C產品綁架了。

03

一切從自我察覺開始

我們活在一個資訊過度的時代，每天都有許多新知，但是真的需要嗎？會不會是過度刺激？當一切變得快速時，我們的記憶力也變得越來越差，一個火紅的新聞事件不到兩週就乏人問津。這個被餵養資訊的時代，我們活在半虛擬的網路世界，常忘記要靜下心來了解自己的感受。

失靈的儀表板

感覺並不是客觀的。如果用目視來感覺車速，你覺得可能嗎？對於新手駕駛而言，往往會高估自己的時速，結果變成烏龜漫步；對於老手駕駛而言，卻常會低估車速，等閃光燈一亮才知道超速了。因此，儀表板上的「時速表」非常重要，讓我們可以知道自己開車的速度。

很可惜的是，人類的大腦中沒有儀表板這種設計，不會主動提醒我們現在是快是慢，一切只能憑「感覺」反應。正因如此，如果儀表板故障，單憑感覺而不犯錯是相當困難的，對於經驗不足的小孩來說更是如此。

隨著汽車科技的發達，不論是自動排檔、倒車雷達等功能讓開車這件事變得更容易，手排車相對來說越來越稀少，幾乎快變古董了。而那在儀表板上的「轉速表」也越來越像一個裝飾品。你可能就會有這樣的疑問：開車知道「時速」就好了，知道「轉速」要幹什麼？

簡單的說，「時速表」告知的是車子的外在情況；「轉速表」告知的是車子的內在情況，也就是引擎的轉速。「時速表」讓我們可以掌控車子行進的速度，而「轉速表」讓我們不用打開引擎蓋也能知道引擎的狀況，避免車子半途拋錨。

正常引擎的轉速，在怠速時應該在八百至一千轉，正常行駛應該在兩千至兩千五百轉。在自排車上，因應轉速高低需要的動作都被車上的電腦取代了，因此轉速表的功用漸漸被忽略，但是維修人員只要透過轉速表的指針運動，就可以判斷車子哪裡有問題。

對應到人體來說，轉速表好比是人體的「覺醒度」（arousal level），也就是當下身體的活躍情況。如果覺醒度過高，整個人會興奮不已的活蹦亂跳；如果覺醒度低，就會整個人昏昏沈沈，彷彿快要進入夢鄉。

大腦的覺醒度

孩子通常惹大人生氣有兩個時間點：即將出門、準備回家。仔細想想，你不覺得這正是「轉速表」和「油量表」的問題嗎？

比方說孩子太期待等一下要去動物園，整個腦袋都想著無尾熊和長頸鹿，興奮到進入跳跳虎的狀態而不自知，但不用多久馬上就打翻東西或弄痛妹妹，連大門都還沒出就被罵。

另一種狀態是孩子興奮玩一整天，體力整個耗盡，眼皮都快張不開了，但一說要回家休息，就是千萬個不願意。再撐下去保證會開始鬧彆扭，最後一定是爸媽發脾氣、孩子大哭一場才能結束這場鬧劇。

其實，不是孩子愛找麻煩，而是他們沒學過如何看懂大腦的「儀表板」。孩子和我們一樣，只在意「時速表」，覺得只要跑得快就超級厲害，卻不知道用其他的指標來幫助判斷。因此大腦「引擎」常常故障拋錨，頻頻出槌，導致不必要的家庭衝突。

覺醒度沒有絕對的好壞，不過必須與情境相配合，才能做出恰當的行為表現。例如在公園的遊樂區時，覺醒度必須提高一點，才能表現出活力；在思考或學習新知時，覺醒度要保持在適中階段，才能舉一反三；在聽床邊故事時，覺醒度則要調低，才能安靜聆聽而不打斷大人說話。

大人該做的，是要教孩子靜下心來觀察自己當下的感受，並且讓孩子知道當「內在引擎」轉速過高時，如何運用一些具體的動作自我調節。

學會放開油門

當孩子學會認識自己的「轉速表」，爸媽才不用一直當「紅綠燈」。要孩子拚命「踩剎車」，雖然不會撞到別人，但是整趟旅程常常緊急煞車不是很難受嗎？相反的，我們更應該教導孩子何時要「放開油門」，才能讓車子跑得順暢，不是嗎？

在引導孩子的過程中，請千萬記得，不要一開口就用「對錯」來引導。當孩子聽到「錯」這個字，直覺上就想要反駁，整個大腦都用在找理由解釋，又如何聽得進去你說的道理呢？

我們得先讓孩子願意「配合」，才能進一步讓他們聽進道理。這樣可以幫助搞不清狀況的孩子將內在轉速調整到適當「步調」，自然就可以適當融入情境中，做出最佳表現。請記得，我們要說服的不是孩子的大腦，而是身體內的自動化的神經系統。

讓我們先按部就班，陪著孩子練習下面三件事吧！

一、了解自己的引擎

在學習過程中，歸納與簡化是不可或缺的能力，不然我們會像活在萬花筒當中感到眼花撩亂。但是在這個過程中，孩子難免會出現過度簡化的反應，誤認只要是「大」、「高」、「快」就是好的，導致孩子特別喜歡衝來衝去。先讓孩子了解不是越快就越好，而是要去仔細觀察別人，搭配別人的速度與步調，才能學會靜下心來了解自己。

我們可以用一些學習韻律與節奏的小遊戲，幫助孩子察覺自己的速度。

◆小企鵝

遊戲開始前，先讓孩子站著，雙腳張開比肩膀稍寬一點。雙手下垂放在身旁夾緊，手掌往旁抬起，假裝是企鵝的小翅膀。當一切都準備好了，請孩子跟你一起學小企鵝，在原地左右、左右的慢慢擺動身體。

對於比較小的孩子，可以在地板上貼小腳印，幫助孩子記得應該站在哪裡。

一開始可以先用一點快的節奏引起孩子興趣；再逐漸放慢步調的搖晃，看看孩子能否跟著節奏變化速度。接著越來越慢直到變成兩秒一拍，變成慢動作小企鵝，再請孩子坐下來。

藉由從動作快變慢的過程，幫助孩子練習讓自己的身體平靜下來，也才更能靜下心上課。

◆紅燈停

遊戲開始前，先用紙膠帶在地板上貼出一個大大的正方形，當作是小汽車的馬路，讓孩子可以沿著線往前走。此外，還需要準備幾個紙盤或不易壞的圓盤，讓孩子假裝是方向盤。

遊戲開始時，可以播放一些兒歌或童謠，節奏越明確越好，讓孩子可以跟著節奏的速度往前走，但不可以碰到前面的人。期間，爸媽如果說「紅燈」，就要立刻停下來；說「綠燈」，就可以繼續往前走。

過程中可以隨機換不同音樂，看孩子是否可以跟著改變速度。

這遊戲可以讓孩子藉由音樂節奏，察覺自己的腳步；從紅燈停的過程中，學會抑制衝動。讓孩子在遊戲中，自然而然學會如何觀察外在情境的變化，適當控制身體的活躍度。

◆兩人夾球

這是一個雙人遊戲，需要兩位以上的孩子才能玩。遊戲開始前，需準備一個紙箱和一顆充氣沙灘球，球充氣到大約八分飽還有一點軟軟的比較適合。

遊戲開始時，建議播放慢一點的音樂，讓孩子們面對面把球夾住，慢慢一起運送到五公尺外的紙箱子前面。因為是面對面，一來有視覺協助，二來孩子們可以用手抱住對方，因此非常容易成功。

當孩子熟悉遊戲規則後，改讓孩子們雙手抱胸，背對背夾球，將球運到紙箱上，並且想辦法在不用手的狀況下，將球放進箱子裡。

這遊戲可以讓孩子藉由察覺對方腳步，想辦法調整自己的步伐，不能太快也不能太慢，不然沙灘球就會掉在地上。從觀察與調整的過程中，可以學會如何與別人合作，以及自我控制的技巧。

二、調整自己的引擎

試著回想一下初次被點名上台報告的經驗。當你要上台時，明明已經準備充分，但是一踏上舞台，腦子突然一片空白。這時你的交感神經被喚醒，讓你感到緊張，心跳加速，手腳發抖，連說話都變得結結巴巴。這時就算你的好友不斷提醒你不要緊張，你覺得有幫助嗎？我想你一定會想：「你說的容易，不然你上台試試看。」

孩子也是如此，當處於高度覺醒的狀態，他們需要的不是我們耳提面命的提醒，也不是給予鼓勵，而是透過一些小技巧，幫助他們誘發副交感神經的活化，緩和情緒。以下就介紹三個有效的小技巧。

◆大擁抱

擁抱，不只是雙手抱著孩子，更是一種情緒的支持。想想看，當你心情沮喪時，是不是特別需要一個大大的擁抱。如果身邊沒有人，我們甚至會緊緊抱著棉被哭泣，其實這也是一種調適情緒的方式。

擁抱時，透過身體接觸傳遞溫暖，讓孩子覺得犯錯被接納，情緒也可以得到安慰。當身體被爸媽緊緊抱住，給予持續而穩定的壓力，也會誘發本體覺的活化，讓副交感神經的活躍度提高，因此感到情緒變平穩。

不要小看「擁抱」這個動作，對於敏感的孩子來說，他們更需要爸媽多多擁抱，但記得不要和孩子玩「搔癢」的遊戲喔！

◆**深呼吸**

透過深呼吸可以學習控制呼吸的速度，幫助調整身體步調。當緊張時，很常聽到人家說要「深呼吸」，但是往往深吸了幾口氣，還是一樣緊張得要命。其實，不是「深呼吸」沒有用，而是我們誤會了「深」這個字。

深呼吸，指的其實是「腹式呼吸」。吸氣的時候不是胸腔鼓起，而是要吸深一點讓「腹腔」鼓起。藉由我們大腦意識來控制橫膈肌，調整自己呼吸的節奏，進而達到緩和情緒的功效。在神經生理機轉上，吸氣與交感神經有關，吐氣與副交感神經有關，也因此你越是拚命吸氣，就會越緊張，半點都輕鬆不下來。

深呼吸的頻率應該是「短吸長吐」，大約要吸氣兩秒、吐氣五秒，才能達到緩和情緒的效果。其他任何能「調整呼吸」的活動，也都可以達到相同效果，不論是游泳、唱歌、吹奏樂器等等，都可以採短吸長吐的模式。

◆**嚼東西**

嚼東西是藉由咀嚼與唾液分泌，誘發情緒調節的機轉。「吃手手」這個網路流行語還滿貼切的，當你突然被嚇到，不自主的會將手舉起，用手指碰觸自己嘴唇。我們雖然已經不會咬手指，但下意識還會做出這個動作。

嚼東西主要有兩個生理機轉：顳顎關節是人體活動度最大的關節，透過咀嚼的動作可以刺激關節，產生與被擁抱相同的本體覺刺激。當嘴巴裡有東西時，會促進唾液分泌，讓負責腸胃消化的副交感神經活化，達到抑制交感神經的作用。這也就是緊張的孩子常把指甲咬得光禿禿的原因。

嚼東西一直都是降低壓力的好方法，唯一的缺點是吃太多零食可能會變胖，爸媽要注意一下喔！

三、控制自己的動作

要改變孩子的行為，不只是和孩子談論對錯，更重要的是「讓孩子知道該怎麼做」。人都會保護自己，當被拒絕或責備時，擔心內在自我受到傷害，不由自主會誘發原始反應出現。因此我們應該學會使用正向用語，來幫助孩子在犯錯時可以調整自己的行為。先讓孩子願意配合，才容易改變行為。

以下介紹三個小策略，可以提供孩子一些幫助。

◆拉拉鍊

孩子老是不坐好，常常彎腰駝背，看起來超級懶散無力。這時與其一再提醒或責備，不如讓孩子玩「拉拉鍊」的小遊戲。

先讓孩子坐在椅子上，將左手放在背後大約腰部的高度。然後讓孩子跟你一起做：舉起右手，做出將拉鍊拉起來到下巴下方的動作（假裝衣服上有拉鍊），同時挺直腰。藉由動作模仿的引導，孩子很自然就會抬頭挺胸，當然也就可以坐正了。

多讓孩子玩幾次，等到熟練之後，只要他一彎腰駝背，說一聲「拉拉鍊」，孩子就可以馬上了解要做什麼，也不會覺得被責備而鬧脾氣了。

◆張大嘴

孩子老是愛說話，要他嘴巴閉起來，常常撐不到三分鐘又講不停。如果家裡有兩個以上的孩子，你一言我一語，真的會把爸媽逼到腦神經衰弱。這時可以和孩子們玩一個小遊戲，讓孩子學會停下來。

請孩子們一起玩模仿遊戲，像大青蛙一樣把嘴巴張開，越大越好，看誰張得比較久。當孩子將注意力轉移到遊戲，並且配合的將嘴巴張大，自然就沒辦法繼續說話，反而容易安靜下來。不過爸媽要記得，張大嘴巴很累人的，請不要張太久，不然臉會很酸喔！

家中孩子多比較適合用「張大嘴」，如果只有一個孩子，則建議玩「誰先笑」的遊戲。兩種同樣都是讓孩子先卸下心防，配合你的指令又達到我們的期望效果。

◆雙面膠

孩子老是東摸西摸，看起來超不專心，什麼東西都愛碰，讓爸媽很傷腦筋，這時就讓「雙面膠」這小遊戲上場吧。

讓孩子想像自己手掌被黏上一個超黏雙面膠，只要黏住就拿不下來。先請孩子幫你貼上雙面膠，然後示範手和肚子被黏在一起，讓孩子試試看可不可以分開。記得開玩笑的和孩子說：「不能太大力，手會破皮喔！」避免孩子硬要把手扳開。

再來換你幫孩子假裝貼上雙面膠，將手黏在膝蓋上，試試看會不會動。多試試黏上身體的不同地方，讓孩子熟練一下。這時你會發現，只要你說「雙面膠」黏在「哪裡」，孩子馬上就會開心的配合，這樣不是大家都玩得很開心嗎？

調整需要時間

大腦比較像硬體，而不是軟體。藉由生活中的經驗，可以創造出大腦裡許許多多的神經連結，刻印在大腦裡面。與其說是Windows安裝一個軟體，更像是Arduino燒入一組程式，要改變其實沒那麼有彈性，這也可以說明為何改變一個習慣會如此困難。

大腦內的神經元構成，有如手工餅乾上的葡萄乾，每個都有固定的位置。要改變一個神經元，不是把葡萄乾摳掉留下一個空白的空洞，而是要改放另一個葡萄乾把坑洞填補起來才行。要改變孩子的不適當反應或習慣，要用另一個「新習慣」去替代，不然三不五時還是會復發，無論如何處罰禁止都沒什麼用。

大腦並不像水杯，想裝開水就裝開水，想換果汁就倒果汁。調整孩子的行為，並不只是孩子聽懂或聽不懂的問題，而是在孩子的大腦生理結構上，能否跟著改變。透過「新習慣」給予正向經驗的反覆刺激，幫助大腦建立全新的神經連結，才能讓孩子漸漸改變。如同頭髮長長是需要時間的，神經也是如此，調整需要時間，不可能一夜之間頓悟。

在幼兒時期，孩子大腦神經的可塑性最高，相較於成人更容易調整。幼兒時的生活經驗，影響的不僅是短暫的童年時光，更會持續到日後一生做決定的方式與傾向。

爸媽不只是養育孩子，看著孩子長大，更是孩子人格的塑造者。

第二部

安全感

「安全感」是一切情感關係建立的根源。但所謂的安全感並不是二十四小時都黏在一起，而是知道不論彼此距離再遠，永遠會守護著你。

依附關係的建立

嬰兒是天下最惹人憐愛的生物，只要一微笑就能讓爸媽融化。寶貝們就是在爸媽的細心呵護與疼愛中，建立起情感的依附性。透過擁抱與溫度，嬰兒才能獲得十足的安全感。

安全感是所有情感關係建立的根源。如果失去安全感，我們無時無刻都會覺得恐懼、緊張，又如何能靜下心去觀察環境。在著名的心理學實驗「代理母猴」中，當小猴子尚未斷奶時，刻意將牠與母親分開，並給予兩個「代理母猴」，一個有奶瓶，供給食物與養分，另一個是提供撫觸，給予溫暖與擁抱。

出乎意料的是，小猴子幾乎寸步不移的黏在給予撫觸的假媽媽身上。直到餓到受不了時，才戰戰兢兢的跑去偷喝幾口奶，然後又迅速跑回來。這些小猴子共同的特徵是非常容易受到驚嚇，經常出現激烈的行為反應。這樣的行為一直持續到成年之後，導致牠很難融入猴群之中。

嬰兒最需要的，不是學會「獨立」，而是學會「信任」爸媽。只要在爸媽身邊，所有威脅都不用擔心，因為知道爸媽會好好保護自己。正是這樣的情感連結，讓寶貝與爸媽間建立起良好的「依附關係」，進而感到安全與自在，當然就會常常將微笑掛在臉上。不過，「安全感」這概念指的並不是二十四小時都黏在寶貝身邊，而是要讓寶貝知道，不論實際距離有多遠，爸媽都會保護自己。正是因為這樣的彼此信任，寶貝才能鼓起勇氣離開爸媽身邊，開始探索外在的新世界。

寶貝開始學會爬行時，會因為突然發現自己可以探索得更遠而興奮不已，如果一轉頭發現媽咪不見，就會變得超級黏人。寶貝們會在反覆嘗試離開卻又擔心的拉鋸戰中，漸漸找到一個最適當的距離，一來滿足安全感，二來又不會找不到爸媽。

「依附關係」像是一條無形的線，將寶貝和爸媽緊緊連繫在一起，當孩子覺得越安全，這條線就可以拉得越長，讓孩子願意去更遠的地方探索。很多時候不是寶貝不勇敢，而是爸媽太黏人，總亦步亦趨的跟在寶貝後面，從來沒有和寶貝拉開物理上的距離，又如何把心理上的連繫延長呢？

從出生至兩歲，是孩子建立「安全感」的關鍵期。請多給孩子一點擁抱與疼愛，建立起彼此心靈上的連結，這將是孩子日後膽子大小的關鍵。很多孩子脾氣壞、愛哭鬧，往往不是行為有問題，而是缺乏安全感。每一次的責備，只會把孩子推得更遠，也因此小問題累積得越多，越難以處理。讓我們從孩子的觀點，重新來探究行為產生的真實原因，才能真正幫助到我們最寶貝的孩子們。

01

怕生還是鬧彆扭？

孩子有情緒，你都怎麼做？

孩子平時不算省話一哥，但是每次只要帶去和朋友聚會，都不會主動向人問好，甚至還會擺臭臉、手插腰或翻白眼。這時，身為家長的你通常會怎麼做？

□向朋友說抱歉，等待孩子自己願意說話。
□叨唸孩子這樣沒禮貌，強迫他向朋友問好。
□直接巴下去！
□帶到旁邊訓話。

小明平常在家超級愛說話，總是叨叨絮絮說著學校的事，看起來活潑外向。可是每次和爸媽去參加朋友聚餐，或是到很熟的叔叔阿姨家，都不願意和人打招呼，甚至故意擺臭臉。有時在生活上遇到一點小事，也會馬上卡住當機，一動也不動。不安慰還好，一安慰反而哭得唏哩嘩啦。

小明究竟是鬧彆扭、不給爸媽面子，還是哪裡出了問題呢？

是害羞，還是焦慮？

小明其實不是故意找麻煩，只是太容易「緊張」。因為行為表現策略不成熟，常常讓爸媽陷入尷尬場面。面對這樣容易緊張的孩子，爸媽的第一件事，是要先區辨「害羞」與「焦慮」之間的區別。

如果孩子只是個性內向，比較容易害羞，爸媽不用太擔心，只要耐心陪伴就可以了。但是如果已經有「焦慮」的徵兆出現，像是咬指甲、拔頭髮、口吃……等小動作時，爸媽就要特別注意。如果沒有適時協助，長大後可能會有「拒絕上學」的情況。

「焦慮」的情緒在孩子兩歲以後才會出現，它是「害怕」和「擔心」兩種情緒的結合。「害怕」是由於對具體事物感到威脅引起的恐懼，像是怕狗；「擔心」則是對想像事物感到害怕而引起的恐懼，像是怕鬼。這兩種情緒交織起來，就會產生「焦慮」，讓人心跳加速、肌肉緊繃、坐立難安，會希望可以立即脫離當下。

只要可以離開當下，孩子會願意嘗試各種不同方式滿足自己的需求。回到一開始小明遇到的問題，讓我們站在他的角度思考：這種情境下，小明如果「惹毛大人」，爸媽會覺得很丟臉，就會先帶他離開讓他可以避開這場景，你覺得這時他會選擇「不去看人」，還是去「惹毛大人」呢？

勇氣不是來自鼓勵

「緊張」不是壞事，相反的，這是維持生存的必需。它就像生活中的「警報器」，讓人可以察覺隱藏的威脅，立即集中大腦所有資源去面對可能的挑戰。爸媽需要學會正向看待孩子的情緒，千萬不要使用威脅的語言，像是：「再哭就把你丟掉！」這樣的話只會讓孩子更容易失控。

容易緊張的孩子需要的不是「罪惡感」，而是「安全感」。當孩子有了強而有力的依靠，感覺到你在背後的信任，他才能鼓起勇氣面對壓力。只不過勇氣並不是靠口頭上的鼓勵，而是在安全的情境下，增加孩子獲得正向經驗的機會，才能逐漸建立起來。

面對容易「緊張」的孩子，最不需要的就是「鼓勵」。就算你說一百遍、一千遍「勇敢一點」，也不會真的讓孩子覺得勇氣十足，反而可能讓他之後一聽到「勇敢」、「加油」、「試試看」這類鼓勵的字眼，就感到不對勁，更容易陷入緊張焦慮的情緒。

調整自己，改變孩子

一、提早三十分鐘到

對於容易緊張的孩子來說，他們最害怕成為焦點，因此不要覺得差一、兩分鐘遲到沒關係。回想自己小時候，遲到時走進教室，全班幾十雙眼睛盯著你，會不會覺得很緊張呢？對這些容易緊張的孩子來說，那會是多大的壓力。

我們需要做的其實很簡單，就是早一點出門，幫助孩子養成早到的習慣。一來讓孩子有足夠的時間適應；二來對孩子來說，他會認為自己是主人，其他客人只是來加入他的。先讓孩子在熟悉的環境下多多練習，再慢慢引導到不熟悉的地點，才能幫助孩子獲得成功的經驗。

此外，現在孩子們常常會安排許多才藝課，如果是新課程或新地點，更建議爸媽在最前面幾次提早三十分鐘到，讓孩子有暖機的時間。

二、做事前預習

對於預期性較低、自尊心較強的孩子，常會因為擔心自己表現不好，變得很緊張。這時可以透過「預習」，幫助孩子了解未來可能發生的事。當孩子清楚知道會發生哪些事情，就不會亂想一堆有的沒的嚇壞自己。

不只是孩子，我們大人也是一樣，對於不熟悉的事物總是比較容易緊張或擔心，但透過事前演練，可以有效減少緊張感。不過孩子畢竟是孩子，預期能力尚未成熟，這時家長的協助就很重要。以小明的例子來說，爸媽可以先拿等一下要見面的親友照片給小明看過，讓他「預演」要說些什麼，可以用類似的方式幫助孩子多做練習。

三、多運動調整體態

焦慮是由於交感神經過度活躍所導致，因此可以透過運動、深呼吸的方式減緩孩子不舒服的感受。研究顯示，當跑步一千六百公尺時，可以促進大腦分泌血清素、多巴胺等神經傳導物質，讓人感到愉悅而有效降低焦慮與憂鬱的感受。

爸媽也不要忽略「姿勢」與「情緒」之間的關聯性，可以多帶著孩子一起把雙手舉高，做擴胸動作，讓孩子把雙肩打開，這樣不僅可以改變孩子站姿，更可以讓孩子看起來較有自信，不會顯得畏畏縮縮。

請收起你的批判，去接納孩子「緊張」這個特質。正面看待孩子的個性，再加上適當的引導，孩子自然會漸漸改變。孩子需要的不是責備，也不是包容，而是找到適合的方式。

02

離不開的小毯子

孩子有情緒，你都怎麼做？

孩子出門都要隨身帶著小毯子。平常都不准別人碰，明明已經弄到髒兮兮了，也不准家人拿去洗。這時，身為家長的你會怎麼做？

☐塞給他其他不同物品，嘗試轉移注意力。

☐提供有相同特質的物品當作替代品。

☐趁他不注意偷偷丟掉。

☐直接拿去洗，不管他！

諺諺有一條心愛的小毯子，總是隨身攜帶，拖在地上弄得又髒又舊，他也毫不在意。每次爸媽偷偷拿去洗，他就會崩潰哭個不停，但是不洗又讓爸媽擔心他會生病，真是讓人好頭痛啊！

氣味，才是關鍵

安撫毯、臭臭枕、寶貝娃娃等物品，對部分的孩子來說是非常重要的「安全感」象徵。然而這些孩子並不是依賴這些「物品」的功能，只是需要這些物品的「味道」。因為上面有孩子熟悉的味道，當晚上閉起眼睛，還是可以感覺到有人陪伴，這樣的安全感讓他可以安穩進入夢鄉。

孩子往往在睡前特別需要「安撫毯」，因為「氣味」與其他感覺不同。絕大多數的感覺（視覺、聽覺）是立即性的，過去了就消失得無影無蹤，絲毫找不到痕跡，但是氣味卻有延遲性，有如走過沙地的足跡，會留下曾經存在的訊息。這也就是為何孩子會一直迷戀他的小毯子，因為那上面保留許多「氣味」的記憶。

當我們把小毯子拿去洗乾淨，洗掉的不只是髒汙，同時也沖洗掉了味道。即便是同一條毯子，但味道就是不一樣，孩子雖然知道東西一樣，但「感覺」就是不同，也因此會鬧脾氣，甚至有時會打死不讓人碰，以免慘劇再度發生。

味道是一種記憶

「嗅覺」是一種原始的感覺系統，隨著人類開始直立行走，視野變得越來越開闊之後，我們變得更加依賴眼睛，漸漸忽略鼻子的重要。當我們鼻子聞到味道時，神經刺激直接傳遞到大腦，誘發「記憶區」與「邊緣系統」的活化，讓我們對照腦海裡的「記憶」判斷這個刺激是否安全。這也是我們聞到腐敗的氣味會想嘔吐的原因，這樣可以防止我們誤食有毒的東西。相反的，我們聞到媽媽的味道時會感到安心並放鬆，因為感覺被媽媽的氣味所擁抱。

氣味有如大腦記憶的「鑰匙」，只要拿到正確的鑰匙，就可以打開藏在茫茫腦海中的「回憶」。這也是為何戀人們常常臉靠著臉依附在一起，希望嗅聞到對方獨特的味道。孩子並不是迷戀物品，而是迷戀著小毯子上擁有的媽媽和自己的氣味，從中獲得被擁抱的回憶。

調整自己，改變孩子

一、準備用品

孩子對氣味較敏感，才會迷戀「安撫巾」。不論你如何說明髒掉一定要洗，他絕對無法理解，甚至變得過度畏懼細菌或疾病，反而誘發不必要的恐懼。最簡單的方式是準備一個「一模一樣」的備用品，將「備用品」暫時放在孩子床邊，沾染一下孩子的味道，等到要洗他的「安撫巾」時，再將備用品直接給孩子使用。藉由味道的延續，孩子就不會抗拒，同時也達到清潔的目標，這樣不是可以平靜的解決問題嗎？

此外，給予他媽媽穿過的衣服替代，上面有媽媽的氣味，也可以暫時達到安撫的效果。

二、避免氣味混淆

每個人都有獨特的味道，只是我們通常聞不到。研究顯示，媽媽可以透過衣服上的味道辨認出是不是自己孩子的衣服，但是爸爸可能就無法做到。在嗅覺判斷上，女性明顯優於男性，這也許可以說明為何小女生比較在意氣味的變化。

家裡有孩子時，請不要使用空氣香氛劑。嗅覺是很容易疲憊的，如果有過度強烈的香味，會導致我們的嗅覺暫時「麻痺」。這時即便孩子抱著自己的「安撫巾」，依然無法從中聞到任何東西，當然就更不安穩，更容易鬧脾氣。盡量保持家裡味道的一致性，你會發現孩子變得更加安定喔！

三、給予多點擁抱

「味道」是一種回憶、一種安全、一種擁抱，特別當家長不在身邊時，孩子更希望得到「擁抱」，想沾上更多媽媽的味道。要讓孩子戒掉「安撫巾」，你需要的不是拒絕，而是給孩子多一點擁抱。透過身體接觸的擁抱，讓孩子牢牢被包覆的感受滿足孩子的渴望，自然就不會迷戀「替代品」的安慰了。相反的，如果你越是拒絕擁抱、越是責備，往往只會將他推得更遠，反而讓孩子更加依賴「安撫巾」。

每個人的獨特氣味，就如同身分證一樣明確。我們無時無刻都環繞在氣味中，只是常常忽略掉這些資訊。然而擁有童心的孩子們，天生就知道氣味的重要，並且會沉迷在氣味的遊戲裡。這時的溝通不是靠說道理，而是要站在孩子的角度才能幫他們解決問題。

03

怕黑？怕鬼？

孩子有情緒，你都怎麼做？

孩子半夜不敢自己去上廁所，一定要爸爸或媽媽陪才敢去，硬是要把爸媽搖醒，甚至大哭大叫把爸媽從床上挖起來。這種時候，身為家長的你會怎麼做？

□不管他，繼續睡，要訓練他的膽量。

□起床陪他去。

□拿尿壺到房間。

□直接訓斥一頓！

小晴晚上睡覺一定要人陪，不敢一個人睡，甚至走到暗一點的地方都會吵著要開燈，不然就大呼小叫。半夜不敢自己上廁所，硬是要把爸媽搖醒，真的會把睡眠不足的爸媽弄到崩潰。究竟是孩子在討拍，還是真的害怕呢？

是一直怕黑還是突然怕黑？

有些孩子天生膽子比較小，有些又非常大膽，因此「怕黑」並沒有特定的發展年齡時期，比較算是「個人特質」的一部分。像是有些小孩晚上比較容易做夢，容易驚醒，往往較容易有怕黑的反應。其實孩子怕黑不用太擔心，也不要去威脅或嘲笑孩子，而是應該適當引導，讓孩子克服怕黑這種「恐懼」。

不過首先要分辨一個問題：孩子是一直都怕黑，還是突然怕黑？如果原本都表現正常，突然間變得非常怕黑，很多時候是因為「特殊事件」發生才會如此，例如看到新聞的內容感到恐懼，導致強烈的不安全感，像是嚴重的交通意外或火災新聞。這時候千萬不要用威脅的方式，不然會讓孩子變得更焦慮。

與爸媽想像的不同，這樣的情況好發在六、七歲以上的孩子身上。這時期孩子開始脫離想像，察覺到外在世界的真實性，又沒有足夠能力去解決問題。在這樣的衝突下，孩子會感到不安全而出現情緒上的波動。此時應該給予孩子多一點時間，避免讓他再度接觸引發恐懼的訊息，也可以帶孩子去好好玩一趟，讓他多一個強烈的愉快記憶，覆蓋掉恐懼，藉此轉移孩子注意力，這樣的狀況在兩週之後就會有所改善。

人體的第六感——本體覺

「視覺」是人類最依賴的感覺系統。我們花費許多時間在電視、手機的前面，從大量視覺刺激中獲得樂趣。人們如此依賴視覺，除了睡覺之外，幾乎每一刻都會張開眼睛。想想看，你在看電視時突然眼前一片漆黑，會不會感到緊張呢？孩子更是如此，只要眼睛看不到東西，就無法分辨東西南北，連自己的手腳都找不到，又怎麼會不緊張害怕？

幸好，我們還有一個大家不熟悉的「第六感」。這並不是超能力，而是「本體覺」。本體覺處於身體深部，位在肌肉關節處，幫助我們在沒有視覺提示的時候，還是可以知道自己手腳的位置。相信大家都有玩過「矇眼睛抓人」的遊戲，當眼睛被遮住時，就連走路都會戰戰兢兢。當視覺被遮蔽時，本體覺的功能是否良好就更重要，這可以讓你知道自己的位置，較不會感到緊張與恐懼。

本體感覺不佳的孩子，對自己的身體界線感受不好，平常走路就常不小心撞到桌子、踢到椅子，更何況是要他閉上眼睛。這樣的孩子在深夜要爬起床自己上廁所，一定會感到焦慮，甚至出現尿在廁所門口的情況。這種狀況下，處罰鐵定不是最好的方法，而是應該在走道與廁所都開燈，減少孩子的焦慮。

然而在白天時刻，要故意將房間弄得黑黑的，讓孩子練習一些需要摸黑的遊戲，減少對視覺的依賴，這樣可以更熟悉黑暗的感覺，降低恐懼。

調整自己，改變孩子

一、避免說鬼故事

五歲以前的孩子還不熟悉分辨「真實」與「虛幻」，很容易將做夢、故事、電視裡的畫面當成「真實」會發生的事。他們聽過一個故事、看到一則新聞後，內容會深深烙印在腦海裡，眼睛一閉起來就會看到畫面，因此對黑暗產生恐懼。想想看，當你看完一部恐怖片回家躺在床上、閉上眼睛時，是不是有時也會「看到」讓你印象深刻的那一幕呢？

最好的方式就是要幫孩子過濾所接觸的電視電影等影片，並且不要對孩子說鬼故事，以免他們出現錯誤的連結，產生不必要的恐懼。

二、促進身體形象

現在生活非常方便，只要沒停電，根本可以說是沒什麼黑暗的時刻，想讓孩子嘗試「看不到」的機會，基本上是零。其實讓孩子克服怕黑的關鍵，不在晚上，而是在白天。在白天時刻，故意將房間的燈關掉、窗簾拉上，讓孩子在黑暗中玩找東西、抓人的遊戲，減少對視覺的依賴。孩子在遊戲中獲得快樂，培養出身體形象概念，自然也就不會害怕暗暗的感覺。

三、擁有自己房間

有時孩子並不是真的那麼怕黑，而是期望爸媽在旁邊陪伴，所以經常將「我怕黑」掛在嘴邊。這時可以給予孩子一個「變厲害」的角色，讓他期待自己睡。可以幫孩子選擇他最喜歡的卡通人物床單，鼓勵他練習自己入睡。睡前幫他點上一盞小夜燈，但是要小心投射出來的影子不能讓他害怕，因為那有時會是孩子恐懼的來源。

孩子的想像力旺盛，不要在牆壁掛衣服、貼大海報，那很容易讓孩子想到奇怪的事，如果要放有造型的物品，大抱枕會比較適合。當晚上孩子睡到一半起來時，可以鼓勵他自己走出來找媽媽。

在一開始練習分房睡的第一個月，一定要確保孩子可以找到媽媽，所以爸媽的房門必須開著。只要幾次孩子驚醒後，都可以得到一樣的安慰，孩子很快就可以克服恐懼了。

千萬不要為了讓孩子乖乖睡覺，用虎姑婆的故事嚇孩子，結果反而是讓爸爸媽媽感到困擾。當孩子怕黑時，請不要覺得他不勇敢，以為他在搗蛋。引導他一步一步的練習，一定可以克服對黑暗的恐懼。

04

咬指甲或摳摳手

孩子有情緒，你都怎麼做？

孩子常常吃手指、咬指甲，甚至咬到流血還是停不下來。這時候，身為家長的你會怎麼做？

- □綁住他的手。
- □在他手上塗辣椒或薄荷油。
- □讓他嚼口香糖轉移注意。
- □幫他戴戒指，請他保持手的漂亮。

小峰已經四歲大，還是很喜歡咬指甲，常常把指甲咬到光禿禿，連剪指甲都不用。要不然就是用手指一直摳指甲，結果把指甲都弄到變形了。小峰到底是怎麼回事？為什麼會一再重複這些行為，無論怎麼說都改不過來呢？

從口腔來獲得滿足

兩歲以前的孩子會將所有東西都放進嘴裡，從中獲得探索物品的樂趣，這段時期也稱為「口慾期」。口腔是人體觸覺最敏感的部分，研究顯示小嬰兒在四個月大時，即可以分辨放進嘴巴的東西形狀。所以寶寶喜歡吃手手或拿東西放進嘴巴，爸媽大可不用擔心，這是寶貝在探索環境的過程，只要注意乾淨與安全就可以了。過度的苛責，反而會讓孩子感到愧疚，甚至出現缺乏安全感的現象。

至於咬指甲、啃手指或摳手這類重複行為，則好發在三、四歲的孩子身上，特別是容易緊張的孩子。有些孩子明明小時候連奶嘴也不吃，為什麼長大反倒會開始咬指甲呢？其實就是在尋求本體感覺的刺激，以獲得額外的安全感。

事實上，咀嚼、吸吮、擁抱，甚至抓自己的頭髮，都同樣有刺激本體感覺的作用。所以你可以發現孩子在緊張或焦慮時，特別是考試前或剛開學，就常常出現咬指甲或啃手指的行為，以穩定自己不安的情緒。

這些重複行為主要是孩子為了轉移注意力，避免自己一直去想會害怕的事。想想看，即使是成年人，半夜走在漆黑小路時，如果感覺到背後有股涼意，不也是會用手指不停「數佛珠」或「在胸口畫十字架」嗎？為何我們會這樣做呢？就是要避免自己往不好的地方聯想啊。

分辨是無聊或緊張

家長要先分辨孩子在何種情境下會出現這類重複行為，不同的情況也會有不同的協助方法。通常可以區分出「無聊」和「緊張」兩種情境。

如果孩子是在沒事做、感到無聊時將手指放進嘴巴，這樣的情況父母往往不需過度擔心，只要幫助孩子改變習慣就可以了。

當孩子要咬手指的時候，鼓勵他去做一些讓手指忙碌的活動，例如剪紙、捏黏土、貼貼紙等，讓雙手忙到忘記要咬指甲。此外，有少部分孩子是因為「想睡覺」，為了讓自己保持清醒才會用牙齒直接啃手指。這時可以讓孩子洗個臉，或站起來走一走，會有不錯的效果。

孩子在要考試或上台前因緊張出現咬指甲的情況，這時父母就必須要加以注意，他可能有過度焦慮的情況。家長要協助孩子找出引發焦慮的「原因」，並加以解決，才能降低咬指甲這類情況。比方說孩子擔心上課時被老師叫到，可以先請老師暫時不要在課堂上叫孩子起來回答問題，以降低其焦慮感。但同時還是要幫助孩子做上台講話的訓練，幫孩子克服被注目時的緊張。當問題被解決之後，孩子自然就不會再咬指甲。

重複行為是孩子幫助自己調整「情緒壓力」與「注意力」的一種過渡方式，所以爸爸媽媽用「正向鼓勵」的引導，效果往往比「負面指責」有效；那些因為緊張而咬指甲的孩子，更是如此。

調整自己，改變孩子

一、幫孩子修指甲

咬指甲會導致指甲邊緣凹凸不平，感覺刺刺的，所以孩子就會繼續咬，想讓指甲變光滑。但是當你禁止他咬，他會改用撕的，結果常常以流血收場。這種情況下，家長可以告訴孩子你想要幫他修指甲，請他留下指甲給爸媽修剪，只要把指甲修平，剪掉毛邊，孩子自然不用咬或撕，會逐漸改掉咬指甲的習慣。

二、轉換合宜行為

不要強迫禁止孩子的行為，而是要教導一個「新行為」。孩子的重複行為常常是為了轉移自己的緊張，與其禁止，不如教導他可以做什麼其他舒緩緊張感的動作。例如在手心裡寫一個「人」，然後假裝一口氣吞下去（或吞一口口水）。透過一個儀式化的動作，可以有效降低孩子越想越緊張的情緒。

此外，國外研究顯示，透過咀嚼與吞嚥的動作，也可以有效降低緊張感。如果老師允許孩子們「嚼口香糖」的話，或許也是一個可以嘗試的選擇。

三、**給予象徵符號**

對於七歲以上的孩子，自我控制的能力逐漸成熟，這時候可以給予象徵的符號，提醒孩子不要咬指甲。不論是戴戒指、塗指甲油、貼透氣膠帶等方式，都可以讓孩子記得要保持手指的漂亮和美觀。只是爸媽千萬不要期望一次就能改變孩子，只要發現孩子重複行為頻率越來越少，就要加以鼓勵喔！越鼓勵孩子，孩子越能繼續改變。

重複行為往往與孩子的焦慮有關，「負面指責」容易導致孩子更加自責，反而讓這類行為更難戒除。先改變我們的態度，正面鼓勵孩子要讓自己的手指變更漂亮，引導孩子學會養成更恰當的習慣，並去除引發焦慮的原因，自然就不會再讓手指坑坑疤疤了。

05

就是分不開

孩子有情緒，你都怎麼做？

孩子第一天上幼兒園，總是卡在學校門口不願進去，一看到爸媽準備說再見，就大哭大鬧，巴在大人身上不願放手，難分難捨拖超久！這時，身為家長的你都怎麼做？

□硬把孩子從身上拉開，轉頭就走。

□陪孩子一起上課到放學。

□先陪孩子一下，幫孩子在陌生環境找個新朋友。

□趁孩子不注意偷跑掉。

姊姊最近要畢業了，小班的妹妹開始不願意上學，常哭著說：「我要姊姊跟我一起在幼兒園。」明明之前上學都很開心，現在變得非常愛哭，但總不能讓姊姊不去唸小學啊，真是讓爸媽傷透腦筋！

預習而來的勇敢

在家裡排行較小的孩子，常常感覺比較勇敢、乖巧，但這只是一種錯覺。弟弟或妹妹並非天生勇敢，而是有哥哥姊姊在前面示範，讓他有事先「預習」的機會，等到他再遇到同樣的事，反正之前看過了，心裡有個底，自然比較不會那麼緊張。

但妹妹不想讓姊姊去唸小學，並不是因為她膽子變小，而是這對妹妹來說，才是「第一次」的離家。之前上幼兒園時，雖然媽媽沒有待在學校陪伴，但是姊姊可以一起陪著上學，分離的感覺並不強烈，反正有事找姊姊就可以了。等到姊姊要上小一，對妹妹來說才是真正的挑戰開始，自然會變得緊張。

如果兩姊妹感情越好，在學校越常黏在一起，情緒的波動也會越大。其實爸媽不用特別對妹妹說明為何姊姊要讀小一，越解釋反而會讓妹妹越擔心。外在環境的改變，對孩子都是一種壓力，越提醒反而越容易緊張，爸媽只要耐心的陪伴，這種情況通常在四至六週後就會漸漸緩和了。

哭不哭不是關鍵

「分離焦慮」是一種正常的發展過程。小嬰兒在九至十個月大時，對於媽媽（或主要照顧者）離開眼前會感到不安，開始出現哭泣的行為。到十四個月大時到達高峰，這時連媽媽去上廁所都堅持要跟著去。十八至二十四個月大才開始降低，漸漸到消失不見。

很多爸媽以為「分離焦慮」的消失是因為年紀增長或是媽媽一直陪在身邊，但其實這是可以練習的。孩子在兩歲時，因為好奇心的驅使想要探索新世界，超級關不住，總是吵著要出門。他鼓起勇氣四處探索，漸漸拉遠和爸媽的距離，但又會擔心爸媽不見。在反覆離開又回來的過程中，孩子會漸漸找到最適當的距離，既可以滿足探索慾望，又不會失去安全感。

過程中，他也發現即使媽媽「暫時消失」，最後還是會「再度出現」，就是這樣的信任感讓他不害怕和媽媽分離。「安全感」是一種信賴，孩子知道你永遠會遵守承諾回來，絕對不會忘記他。但如果孩子一直黏在大人身邊，從來沒有分開過半步，又如何有機會練習呢？這樣當然分離焦慮不會消失，甚至到上小學還會持續，有些會有拒學的問題。

當孩子和爸媽分離時，會不會「哭」不是重點，因為孩子總是希望黏在爸媽身邊。當孩子放學時，看到你的那一刻會不會「笑」才是關鍵。很多時候，其實孩子在校門口前一秒還在哭，當你離開後的下一秒就開心的笑了起來。

孩子比你我想像的更聰明，知道你想要的是什麼，所以不要因為孩子哭泣而覺得愧疚，只要你接孩子時他很開心，就不用太擔心。放下我們過度焦慮的心，陪孩子渡過這個難關，你越是溫和而堅定，越能給予他安全與自信。

調整自己，改變孩子

一、不要比孩子緊張

情緒是有傳染力的，特別是孩子與媽媽之間，更像是有一條無形的線。因此，爸媽即使擔心孩子，也要把自己的緊張盡量隱藏起來。讓孩子不緊張的最好方式，不是在口頭上鼓勵孩子，然後自己臉上掛著擔心，那樣絕對沒有說服力。「媽媽的微笑」一直都是孩子的勇氣，也是孩子判斷事物是否有危險的依據。你越是帶著笑容，孩子就會鼓起勇氣，大膽的去嘗試看看。

二、給孩子一個寶物

當你要暫時離開時，最簡單的方式就是把「包包」留下來，孩子就會認為你會回來，當然比較不會緊張。我們也可以給孩子一個「寶物」，像是項鍊、鑰匙、小錢包等，在和孩子分離前交給他「保管」。關鍵不是寶物是否貴重，而是物品的所有權屬於媽媽，那才有效果。家長可以事先準備一條小手鍊，先自己每天帶，持續兩週，讓孩子察覺到手鍊的存在，之後再把它當「寶物」交給孩子執行一個偉大任務。透過這樣的小技巧，可以讓孩子暫時忘記分離，而將心思放在保護媽媽的寶物上，自然就比較不緊張。

三、尋求一個好朋友

「孤單」是孩子在學校最大的壓力來源。有些孩子比較內向，在學校較難主動交到朋友，如果有手足在同一個學校，比較會依賴哥哥或姊姊來交朋友。但實際上，孩子並沒有自己的好朋友，當哥哥姊姊畢業後就會很緊張。

此時爸媽可以先詢問老師，看看孩子在學校比較常一起玩的同學有誰，可以在假日時邀請對方一起出去玩。一來將孩子的注意力轉移到好朋友身上；二來避免孩子在學校裡出現落單的機會。兩者都能讓孩子適應環境的改變。

如果有兩個孩子，其中一個三個月大就去保母家，另一個中班之前都是媽媽自己帶，你覺得哪一個去幼兒園時比較不會哭呢？我的答案很清楚，絕對是去保母家的那個孩子。因為安全感的培養不在於有沒有二十四小時陪著孩子，而是你和孩子之間有沒有建立信任關係。越是捨不得放手，孩子從來沒有離開過，又如何能讓他學會鼓起勇氣出去闖闖呢？

06 我只是太敏感

孩子有情緒，你都怎麼做？

孩子平常很黏媽媽，常找媽媽討抱，但學校老師卻說他很愛生氣，每次同學輕輕碰他一下，他就說同學打他，狀況不時發生。這時，如果你是家長，會怎麼做？

□告訴孩子不能懦弱，先打回去再說。
□確認孩子是否觸覺過於敏感，尋求專業協助。
□告那些亂打人的同學。
□把孩子罵一頓，教訓他不可以誣賴別人。

倫倫明明很喜歡黏著爸媽，常常要爸媽抱抱，但是走在路上被人不小心碰到，常會大驚小怪。有時甚至一被碰到就出手打人或亂咬人。被人輕輕碰一下，常常說人家打他。倫倫真的是太愛生氣或脾氣不好嗎？

當感覺與眾不同

絕大多數人的觸感相近，因此人際互動上不會有困擾，並且容易同理他人感受。但是有些孩子天生觸覺敏感，一般人看似平凡的小事，對這些孩子來說卻變難以理解的大問題。

對於觸覺敏感的孩子，別人輕輕的碰觸就如同一隻小蟲爬在手臂上的感覺，他們會立即跳起來，想用力甩掉它。因為觸覺會直接傳遞到我們大腦的「邊緣系統」，啟動與生存有關的「警鈴」，也難怪這樣的孩子經常會大驚小怪，甚至出現攻擊行為。

由於對無害的觸覺刺激出現過度強烈的情緒反應，導致孩子在團體生活上容易與人發生衝突。特別是四、五歲的孩子喜歡摸來摸去玩在一起，更是衝突發生的高峰期。這樣的孩子比較喜歡和大人待在一起，因為大人比較常用說的，很少會動手碰他，他就感覺比較自在。但是當他們跟同齡孩子放在一起時，往往是在挑戰爸媽的心臟強度。

他們當然不是愛生氣，只是感受與眾不同；也不是脾氣壞，而是搞不清楚狀況。他們需要的不是耳提面命的提醒，更不是嚴厲的處罰，關鍵是要讓他們了解「碰觸」很安全且沒有威脅。

很難和同儕相處

觸覺敏感會造成孩子社會化的困擾。從神經生理的角度來看，社會化有兩個角度：一是熟人與陌生人的差別；二是安全距離的定義。

同樣是觸碰，熟人和陌生人的動作對我們的感覺卻是天差地遠。想想當你的伴侶牽著你的手，一定不會覺得不舒服，甚至心頭暖暖的；但是如果是在搭捷運時有人莫名其妙摸著你的手，鐵定會覺得非常不舒服。對於可以給我們安全感且能讓我們依附的對象，他們的碰觸往往有安慰的意涵，相反的，其他人的碰觸可能會讓我們緊張，甚至引起保護反應。

正因為這樣有時可以碰、有時不能碰的狀況，很容易讓觸覺敏感的孩子被誤認為是壞脾氣，遭到責備或怪罪，導致孩子更難與陌生人建立信任關係，由於缺乏安全感又讓孩子更討厭被碰觸，結果成了負面循環。

再來，當我們與他人互動時，絕對不會緊緊貼著別人，而是保持一定的安全距離。這是一個社會化的約定，並非明訂的規範，一般我們認為的安全距離是彼此手肘抬起來不會碰到的距離。如果拉太遠，就會讓人覺得疏離與冷漠；如果拉太近，就會讓人覺得被冒犯。

但是，觸覺敏感的孩子往往需要較遠的安全距離。當別人想要表示好感的靠近時，他反而覺得受到威脅引起情緒反應；當別人不想理他時，他覺得舒服又想和別人一起玩。他們就像是一個舞步笨拙的舞者，不停踩到對方的腳，當然朋友也就越來越想避開他，甚至演變成衝突問題。

請不要認為孩子只是愛生氣，而替他貼上標籤。當然也不應該過度溺愛。要先了解孩子觸覺敏感的特質，再幫孩子找出適當的解決辦法。

調整自己，改變孩子

一、豐富觸覺經驗

相較於過去的生活，現代人的觸覺刺激少了很多。我們生活在「光滑」的世界裡，碰觸的東西很少有粗糙觸感，這也讓孩子觸覺經驗不足，比較容易敏感。

幼兒時期的觸覺經驗不足，往往導致孩子對觸覺刺激出現過度反應，此時爸媽可以多幫孩子安排戶外活動，像是玩沙、玩水、踩草皮等，讓他們在遊戲中獲得觸覺刺激，當經驗足夠，就不再對別人無心的碰觸感到大驚小怪。此外，也可以安排黏土、陶藝、勞作等活動，讓孩子接觸更多材質，都是很好的練習。

二、降低觸覺敏感

觸覺可以分為兩種感受，一種是輕觸，一種是壓觸。前者比較像是搔癢，後者比較像是按摩。對觸覺敏感的孩子來說，「輕觸」是一種非常不舒服的感覺，甚至會讓他們感到煩躁不安，但是他們又非常渴望被重壓、擁抱的感覺，所以就會出現喜歡抱人，卻又討厭被碰觸的情況。

我們可以提供一些「重壓遊戲」來幫助孩子，例如準備一條大毛巾把孩子捲起來，也可以幫孩子做親子按摩，或給予大量擁抱，都能讓孩子降低觸覺的敏感度。但請記住，不要再和孩子玩搔癢的遊戲了。

三、教導代償技巧

觸覺敏感的孩子不喜歡他人碰觸，傾向拉開與別人的「安全距離」。當別人距離太近，就會引發不舒服的情緒反應。如果別人持續靠近時，會選擇逃避或攻擊，因而影響到人際關係。我們可以將所有孩子的座位間距拉開一些，或讓這樣的孩子排隊時排在第一或最後一個，都可以減少孩子的不快感，幫助他們專心學習。但要注意的是，「代償技巧」是治標不治本，只能暫時解決孩子的問題，等到換老師或換班級後，問題又會再次出現。

「了解」是幫助孩子的第一步，但是知道了還不夠，更要用心處理，特別是這樣觸覺敏感的孩子。不要期望他「長大就會好」，很多時候，等到孩子長大養成習慣，想要再改變就比登天還難了。

第三部

自我概念

「自我概念」是理解別人想法的基石。只是和爸媽想的不同，自我概念不是凡事都順著孩子的決定，而是溫和又一致的堅持中，讓孩子理解「自己」與「他人」之間的差異。

理解他人想法的根源

當寶貝不再是一切都需要大人照顧的小嬰兒，開始邁開步伐，搖搖晃晃的四處探索，這表示他們即將進入發展的下一個階段。他們有無窮的慾望想要探索世界，但是保護自己的技巧仍遠遠不足，有時甚至險象環生。

這種時候，許多爸媽會開始限制寶貝的行為，避免危險發生，但孩子常常不買帳的抗拒，甚至鬧脾氣，這就表示孩子進入了第一反抗期。這時期，孩子最重要的工作就是發展出自我概念。

讓我們從餅乾盒實驗開始說起。當媽媽離開孩子身旁，實驗人員拿一個餅乾盒，在孩子面前放進一台小汽車，讓孩子清楚看到。等媽媽進來時，再問孩子的媽媽裡面有什麼。因為媽媽沒看到小汽車被放進去，所以鐵定會回答是「餅乾」。這時我們仔細觀察當媽媽被騙的時候，猜看看孩子會有什麼反應呢？

絕大多數兩歲的孩子是一臉茫然的不敢相信，他認為媽媽怎麼會不知道。而四歲左右的孩子則會不小心笑出來，因為他清楚理解媽媽不知道，所以才被騙。

「自我概念」是兒童發展中非常重要的概念，讓孩子可以清楚知道，自己和別人是不同的。他知道自己腦海裡思考的東西，別人不清楚，所以必須「說出來」才可以，這不也正是孩子願意開口說話的動力嗎？換個角度來看，如果孩子和你依靠心電感應都能溝通，那又何必浪費精力說話呢？

「發展」是一個一個不斷爬升的階梯，當我們與孩子的依附關係已經成熟，孩子有足夠的安全感作為後盾，寶貝需要的就不再是無微不至的照顧。不要一直順著孩子，而是要對孩子有所「堅持」。讓孩子在包容中漸漸理解，自己與爸媽其實是兩個完全獨立、有所不同的個體。

爸媽要有溫和而堅定的堅持，但不要執著於說道理。此時，孩子的語言理解有限，常常連一句話要說清楚都有困難，當你滔滔不絕說上五分鐘，他鐵定什麼都搞不懂。遇到和孩子僵持不下的狀況，也請不要和孩子拗脾氣，先試著轉換一個情境，環境改變後，孩子才能脫離當下的情緒。先讓孩子的情緒平靜下來，他的大腦才有空間去思考你說的意思。

和爸媽想的不同，「自我概念」不是凡事讓孩子自己做決定，爸媽跟在後面聽命令，那反而會讓孩子混淆，以為你就是我，我就是你，因為全天下只有你一個人會百分之百的順著他。當孩子連自己和別人都分不清，又如何學會體諒與溫柔呢？

讓我們用「溫和」與「堅定」的堅持，幫助孩子培養出良好的「自我概念」吧！

01 柿子挑軟的吃

孩子有情緒，你都怎麼做？

每次接孩子放學時，老師都說孩子在學校的表現沒問題，是老師的小幫手，但只要一回到家，動不動就鬧脾氣，小則大聲講話，大則哭鬧、躺地板樣樣來，感覺就是在找麻煩。這個時候，身為家長的你通常會如何？

- □祭出家規處理。
- □睜一隻眼，閉一隻眼。
- □請另一半處理。
- □好好說，盡量安撫他。

小振在外面都乖得像小貓咪，溫和有禮貌，人人都喜歡，在學校老師也稱讚小振乖巧又可愛。但只要回到家，就好像換了一個人，從人見人愛的小天使變成山霸王，脾氣暴躁又不講理，只要一點點不順心就鬧脾氣。特別是對媽媽常常無理取鬧。這到底是怎麼一回事？難道孩子就是會柿子挑軟的吃，吃定最疼愛他的那個人嗎？

孩子的第一次戀愛

孩子和媽媽之間的連結，如同男女朋友正在談一場戀愛般，彼此之間是否有默契，有沒有來電的感覺，牽動著一個人的感受。如果你的一個眼神，對方就可以心領神會，真的會讓你開心得不得了。在小小孩時期，爸媽不只和寶貝有心電感應，更能未卜先知的搞定寶貝的大小事。他想吃我們餵，他尿溼了我們換，他的一切我們都了解也能包容。

但是，孩子到了兩歲左右，一切都變得不一樣。此時的孩子特別好奇，不停的想要四處探險，正所謂「初生之犢不畏虎」。一點自我保護意識也沒有的孩子，更容易發生意外。出門如果不好好牽著他，衝到車來車往的大馬路上也有可能。在家裡可能一下想玩開關、一下碰插頭，總搞得險象環生。爸爸媽媽一定會限制他，但衝突從此刻就開始出現。

平心而論，孩子不是故意找麻煩，而是卡住了。在他小小的腦袋裡，覺得

「不知道媽媽為何變心了」，也因此心裡不是滋味的鬧彆扭。

不要錯怪媽媽

很多爸爸會認為「我來帶都沒有問題」，常覺得是媽媽大驚小怪，或是怪媽媽沒耐心，結果不但沒幫到忙，反而打擊了媽媽的信心。其實，爸爸的推論常自以為完美，但有三個誤區的存在，讓我們一個一個來分析。

誤區一：時間太短

自制力是需要靠精力來維繫，當人們疲憊時，意志力會變得薄弱而無法控制自己。爸爸帶孩子通常只有一、兩個小時，然後就交棒給媽媽，自然不會碰到孩子疲勞而容易失控的時刻。哪一天換爸爸二十四小時照顧孩子看看，就會知道真正的原因了。

誤區二：順著孩子

爸爸因為平常陪伴的時間少，更希望和孩子建立起「好關係」，而不是培養「好習慣」。所以，爸爸在照顧孩子時往往會更順著孩子，孩子想做什麼都可以。既然是配合孩子，當然就不會有衝突，只是「好習慣」卻是需要堅持才能養成的，不是嗎？

誤區三：依附對象

對於小小孩而言，尚未有明確的性別概念，因此往往只需要一個依附對象。如果主要照顧者是媽媽，那爸爸暫時算半個熟人，即便爸爸猜錯他的想法，孩子也不會發脾氣，只會摸摸鼻子、嘆口氣的想：「唉，你不懂啦！」就像同事如果不知道你在想什麼，你應該不會因此發脾氣吧？

請不要責怪另一半，那只會製造更多的問題和麻煩。教養的路上更需要彼此溝通協調，找出最適合家裡的方式。請記得，不是媽媽太寵孩子，而是孩子暫時卡住了，不知道自己跟媽媽（主要照顧者）的想法是不同的。

調整自己，改變孩子

幫助孩子的方式，不是和孩子說道理。關鍵不是叫孩子學會控制情緒，而是幫助孩子了解每一個人的想法都是不一樣的，才能盡早學會改變。讓我們用三個方式來引導孩子長大吧！

一、看看別人喜歡什麼

引導孩子去觀察「別人喜歡什麼」。每一個人想的不同，喜歡的東西也不一樣，而「吃」是最容易讓孩子理解的事。帶領孩子仔細看看家人喜歡吃什麼，是不是每個人喜歡的不太一樣呢？藉由找出每個人喜歡吃的東西哪些和自己一樣、哪些不一樣，例如：媽媽和我喜歡吃蛋糕，爸爸喜歡喝咖啡，再漸漸擴展到自己和媽媽之間的差別，認識媽媽和自己喜歡的也不一樣，就能夠分辨自己與媽媽的差異。幫孩子了解每一個人想要的可能都不同，孩子自然就不會亂鬧脾氣。

二、創造祕密

感情好是一回事，但是每個人或多或少也有一些小祕密，正是有一點祕密不可以讓別人知道，所以才有人際的分界線。因此，不該是二十四小時黏著孩子，而是要創造出一些分離的時間，才能幫助孩子了解自己與媽媽的差別。祕密不等於說謊或欺騙，創造一點「正向祕密」不給媽咪知道，像是生日時給媽咪一個驚喜，也算是一種保密。透過生活中的練習機會，幫助孩子更快學會如何分辨自己與他人想法的差異。

三、體貼行為

改變一個習慣不是靠禁止或責備，而是引導孩子學會另一個「新習慣」。孩子黏媽媽卻又愛惹媽媽生氣，主要是不懂得如何體貼。教導孩子一些貼心的小舉動，像是幫媽媽按按肩膀、倒杯溫水……。藉由這些新習慣的養成，幫孩子與媽媽之間建立新的感情連結，即便是不惹媽媽生氣，也可以獲得關注。讓孩子將心思轉換成「如何讓媽媽開心」，自然不會一直陷入「你一定要懂我」的漩渦中，情緒較不會一直上上下下波動。

很多爸媽都會疑惑，明明孩子小時候很聽話，為何長大反而不乖？其實，正是因為孩子在一歲半到三歲太乖順，導致沒有發展出「自我概念」，內心深深認為自己和媽媽是「同一個人」，長大後才會對媽媽（主要照顧者）亂發脾氣。

而「柿子挑軟的吃」這種狀況，當然也可能針對爸爸或奶奶，就看誰才是孩子的主要照顧者。爸爸也不要太吃味，認為孩子不黏自己，等他到四歲對性別有明確的理解後，自然就會開始喜歡黏著爸爸了。

02

什麼都隨便啦！

孩子有情緒，你都怎麼做？

問孩子要什麼或吃什麼時，總是說不知道或隨便，不然就是花了好多時間才能下決定，但是看到其他人的選擇又改變想法。這時候，身為家長的你會怎麼做？

☐直接幫他決定。
☐跟他耗下去，直到他確定。
☐他一選好後，就不再讓他換。
☐幫他做個抽籤筒用抽籤決定。

每次問小誠要選什麼時，總是拿不定主意，不論是吃飯、買玩具或選衣服都一樣，等到選好後不曉得過多久，又會突然改變主意。這讓爸媽很擔心他會不會長大完全沒有判斷能力。

究竟孩子為什麼會沒有主見，好像有「選擇障礙」一樣呢？

選擇，是自我主張

兩歲時，孩子開始發展自我概念，也越來越有自己的主張。他想往右走，你怎麼拚命向左拉，他也不會乖乖回頭，有時甚至會變得有點固執，感覺不再那麼稚嫩可愛。但是在這小小的固執後面，卻有大大的發展祕密。這固執不是百分之百的不好，甚至是有利於孩子的人格發展。沒有發展自我概念的孩子，不見得會聽話，反而容易羞怯和自我懷疑。

爸媽總是期望孩子們可以乖巧聽話，但是太過順從而沒有自我主張，可能是另一件麻煩。想想看，一個孩子如果碰到選擇題老是猶豫不決，一直拖時間等待別人幫他做決定，不要說日常生活有困擾，日後上學要考試時又如何順利寫下答案呢？

孩子會有時乖、有時皮，並在過程中不斷修正與調整。爸媽的角色是陪伴，並且適時給予孩子引導，而不是一味追求養出一個乖巧聽話的孩子。

人生是一連串的選擇

人生就是一連串的選擇，每一次的選擇不論大小都會影響我們下一次的判斷。正是因為每個人的選擇與決定不同，才創造出各自與眾不同的人生。

和我們想像的不同，選擇並非是容易的事。下決定的時候往往會伴隨著一種不確定的不安感。如果孩子安全感不佳，在兩到三歲時又長期處於高壓教養下，孩子往往會害怕選擇，甚至出現逃避且無法做決定的情況。

猶豫不決較常出現在家中較年幼的孩子身上，特別是有非常優秀的哥哥或姊姊的孩子。對他們來說，哥哥姊姊就像是遙不可及的偶像，一來是因為佩服而不停模仿；二來是缺乏可以決定的機會。久而久之，孩子也就養成一個錯誤的信念：「反正學著做就好，不用決定也不用承擔風險。」

在青春期的孩子們常會出現迷戀偶像的情況。對於螢幕中的偶像充滿嚮往，甚至希望百分之百的模仿他；偶像做什麼，自己也要做。那其實不是迷戀，而是無法自己做決定。從這個角度來看，這何嘗不是另一種逃避，逃避需要做選擇的煩惱，而將決定的權力丟給別人，自己只要放空腦袋跟著做就好。相反的，如果孩子擁有完整的自我人格，擁有非常明確的自我主張，又怎麼會希望去模仿別人而迷戀偶像呢？

調整自己，改變孩子

擔心錯誤，害怕失敗，才是孩子不敢做決定的主因。當失敗的代價太大，有誰敢立即做出決定，即便是四十幾歲的大人也會拖拖拉拉的猶豫不決。正因如此，你越是嚴厲的批評或數落，孩子往往會陷入選擇困境，反而越不敢做決定。我們可以使用三個方式來幫助孩子，讓孩子更容易做出選擇與決定。

一、增加正向經驗

增加孩子認識新事物、新環境的正向經驗。在協助孩子之前，請先安排好家中的環境，盡可能減少有危險的事物，例如將插座加上保護蓋、桌子不鋪桌巾、廚房門上安全鎖。讓孩子可以自由自在的探險，而不會因為碰到危險受指責，以增加孩子的正向經驗。隨著探索能力增加，孩了越來越能面對新事物，當膽子大了，自然就敢下定決心做出選擇。讓孩子做決定可以有「好結果」，才是幫助孩子最好的方式。

二、減少選擇的選項

尊重孩子是件好事，但請不要給予太多選擇。當選項超過三個以上，對孩子就會造成選擇上的困難。市場心理學研究指出，當相同商品的種類太多時，人們往往難以做出符合自己需求的選擇，因此傾向只看「價格」，因為那是最容易做出決定的方式。要讓孩子做符合自己需求的決定時，最好的方式是幫孩子篩選，只留下兩、三項選項就可以了。此外，跟孩子一起做決定，和孩子分擔做決定的壓力，也是個不錯的方式。

三、避免變口頭禪

不要讓孩子養成說「隨便」的習慣，久而久之變成「口頭禪」就麻煩了。明明心裡很在意，卻不經意脫口而出「隨便」兩個字，結果後來自己真的做出決定後，就變成鬧脾氣收場。先和孩子約定好每天可以說「不知道」或「隨便」的次數，當成功完成後再逐漸減少，孩子就可以改變習慣了。爸媽也要自己注意，是不是經常在不經意間說出「隨便」或「不知道」呢？如果有的話，就要以身作則開始調整。養育孩子本來就不是一條單行道，而是彼此一起成長的雙向道喔！

孩子畢竟是孩子，無法像成人一樣做好計畫，常常會有後悔的情況。通常要到四、五歲之後，才能面對自己做錯決定的後果。爸媽對小小孩就應該多一點包容，當孩子做錯決定時，適時的原諒孩子的錯誤。正是因為你的包容與鼓勵，孩子才會有勇氣嘗試做決定。成長是一個階梯、一個階梯的往上爬，不要在兩歲的階段去練習五歲的目標，先讓孩子學會如何勇敢的做出選擇，日後也才有機會學習承擔錯誤。

03

不要、不要、不要

孩子有情緒，你都怎麼做？

每次請孩子做事或要給他東西時，總是「不要、不要」的無限重複，無論是拐著彎說或威脅利誘，還是堅持不要，但真的照他的話不給時，卻又崩潰鬧脾氣。這個時候，身為家長的你會如何？

☐就順著他，不發脾氣就好。
☐跟他講道理，不能一直說不要。
☐不管他說要不要，就照自己的想法要孩子做。
☐先不管他，等他好了再叫他做。

小寶老是愛唱反調，叫他做什麼都說不要，吃飯也不要，洗澡也不要，睡覺也不要，哄半天或說要處罰，還是繼續唱反調；但真的照他的話不給他，又哭哭鬧鬧，搞得爸媽怎麼做都不是。

每天面對這些有公主王子症候群的孩子們，真的讓父母傷透腦筋，更擔心孩子長大後會變成「大公主」或「大王子」。究竟該怎麼做比較好？

拒絕是一個過程

兩到三歲的孩子正在發展「自我概念」，了解自己的想法與他人不同，自己是一個獨立的人，媽媽是另外一個獨立的人。這時期的孩子會進入一個「什麼都不要」的階段，也就是我們所謂的「第一反抗期」。他們開始學會說「不要」後，不論問什麼事，第一句回答的就是「不要」。

請千萬不要覺得孩子是在找麻煩，這其實是孩子在找尋自己與媽媽之間的距離，並從中漸漸了解自己是一個獨立的人。雖然這個階段會有點煩人，但請爸媽多給一點耐心，因為拒絕是孩子發展必經的過程。

相反的，如果兩歲時完全沒有第一反抗期，爸媽反而更需要注意，因為反抗期會延後到四歲或七歲時出現。想想看，一個牙牙學語說不要的小小孩和一個七歲愛頂嘴的孩子，哪個比較可愛呢？我覺得是前者啦。

孩子難免會小鬧一下，適時宣洩壓力，只要不會太誇張，爸媽就不用太緊張。想想看，如果一個孩子從小到大都沒有叛逆過，等到青春期才一個集氣大爆發，光是用想像都覺得有夠可怕。成長是一個持續改變的過程，而不是只看孩子當下的表現。

早出現比晚出現好

孩子透過堅持自己的意見，甚至唱反調，來理解自己與他人想法的差異，進而建立獨立的「自我概念」。雖然這時期很讓爸媽抓狂，卻是非常重要的過程。孩子愛唱反調，在三個時期特別容易看到：

一、兩歲時，討價還價

兩歲時，孩子常一直說不要不要，透過抗拒來獲得更好的條件，有如去菜市場買菜一樣討價還價。如果你越詢問，孩子就有越多意見。爸媽此時更需要適當堅持，而不是百分之百順著孩子。如果一切順著孩子的意見或想法，確實比較不會鬧脾氣，但也沒機會發展出自我概念，最後會變成在學校是個乖巧的好學生，在家裡卻是無理取鬧的小霸王。

二、四歲時，權力爭奪

四歲時，隨著孩子進入團體生活，常常會出現搶奪權力的情況。孩子會希望在活動中要求別人配合自己。當別人說東，他就說西，反正硬是要不一樣，看大家會支持誰，從中滿足自己的權力慾望。此時孩子希望在對話中獲得上風，卻因為無法察覺別人的感受，常出現與同伴發生爭執的情況。

三、七歲時，報復行為

七歲時，孩子特別在意公平性，可能會出現報復行為。因為上一次對方不答應自己的要求，所以這一次就故意不配合，導致唱反調的情況出現。這特別常出現在手足之間，並非針對大人，主要是因為孩子對「公平」的概念尚未成熟所出現的暫時情況。

從這個角度來看，你有沒有覺得「第一反抗期」其實沒那麼差？而且早一點出來反而比較好，越晚出來的越麻煩。因為小時候就面對過衝突，長大以後才更容易克服，自然比較能忍耐與控制自己的情緒。

調整自己，改變孩子

在第一反抗期，凡事都順著孩子，百分之兩百的包容，孩子確實不會出現反抗行為，但會無法讓孩子發展出自我概念。長大以後更無法理解別人的想法，而出現對人亂發脾氣的情況。

對於喜歡「唱反調」的孩子，我們可以用三個方式幫助他們克服這時期。

一、一定要做的事情

尊重孩子的想法很重要，但有些事情一定得做，就請不要詢問孩子的意見。即便他說不要，你真的會一切聽從他的意見嗎？這種情況下，請不要詢問孩子「好不好」或「要不要」，以免當孩子做了決定，又強迫他要配合大人的指示，那就真的是自找麻煩了。

二、規則一致性

孩子像是一個科學家，不論再小的事都要做實驗才會心甘情願的接受。想想看，如果在媽媽面前玩插頭，媽媽急著阻止，但在爸爸面前玩插頭，爸爸卻開心拍拍手，這個實驗肯定要做第三次，不然如何找出答案？正因如此，對孩子有所堅持時，一定要先和家人說好規則，照顧者之間原則越一致，孩子才能越快學會。孩子的記憶能力有限，運用成人的智慧先找出最容易起衝突的三件事，細心訂好家裡「基本規則」，並保持良好的一致性，才是協助孩子最好的方式。

三、猜測他人感受

孩子若覺得別人的決定都應該和自己一樣，不然就生氣，進而故意唱反調，這時爸媽可以透過繪本故事、電視節目來引導孩子猜測不同角色的想法。不同角色擁有不同的性格，也有不同想法，做出的決定當然不一樣。例如勇敢的獅子、膽小的老鼠、懶惰的驢子，三個同樣不小心迷路，卻會做出完全不同的決定。帶著孩子玩猜猜別人想法的遊戲，也是非常好的練習。當孩子可以越熟練的推論他人感受，也就越能理解情緒的產生，更能控制自己的情緒。

長大的過程不都是一帆風順，更不會是一直乖巧聽話，但這些都是需要經過的路程。透過這些方式，可以協助孩子發展出良好的自我概念與情緒控制，當情緒不再強烈波動，自然就不會無理取鬧了。

04

全家就是我家

孩子有情緒，你都怎麼做？

孩子看到喜歡的東西沒有問過人就自己拿走，請他放回去或不讓他亂拿，還會鬧脾氣說是自己的。這個時候，身為家長的你會怎麼做？

□跟他說明為什麼不能亂拿。

□直接罵或處罰小孩，避免他之後又亂拿。

□算了，孩子喜歡就給他。

□和孩子約定有好的表現就給他。

小飛是個聰明的小孩，卻有個壞習慣，常隨手拿走別人的東西，不管是家人的，還是在商店裡面的，而且不肯還回去。這樣以後在外面會不會也隨便亂拿別人的東西呢？究竟該怎麼幫孩子改掉這個壞習慣呢？

孩子，自我為中心

孩子除了天真無邪之外，另一個特質應該就是「以自我為中心」了。對他來說，世界繞著自己轉動，光是要弄清楚自己的想法、應付眼前的新挑戰，就讓孩子手忙腳亂了，當然沒辦法思考別人的感受。

兩歲的孩子通常只要看到東西都覺得是「自己的」。並不是孩子很霸道，而是對「所有權」的概念還不成熟。過了兩歲後，孩子開始模仿大人的一舉一動，並在過程中察覺到物品大小的差異，所有權的概念才會漸漸萌芽。

回想一下這階段的孩子，是不是很常穿著媽媽的高跟鞋一扭一扭的像在踩高蹺那樣走路？透過模仿與嘗試，孩子感受到鞋子間的差異，進而理解鞋子可以分成媽媽的、爸爸的、奶奶的，每個人的鞋子穿起來的感受都不一樣。

這時孩子很快會將分類遊戲延伸到其他各式各樣的物品上，像是衣服、襪子、包包……等，玩得樂此不疲。就是在這樣的過程中，孩子了解每個物品屬於特定的某個人，進而發展出所有權的概念。

全家就是我家

孩子都是家裡的寶貝，我們也盡可能的給予他們所需要的一切，特別是現在大多是小家庭結構，孩子擁有高度自主權，家裡的東西隨時可以自己拿。這是件好事，但也有一個缺點，孩子很難在這個過程中發展出適當的所有權。對孩子來說，「全家的東西都是我的」，又哪裡需要分出所有權呢？

相反的，雖然爸媽不會和孩子分得那麼細，但手足可就不一樣了。只要誰亂拿到自己的東西，鐵定會大叫不停。雖然爸媽聽起來很煩，但孩子卻很快可以建立出良好的所有權概念。或許爸媽會覺得這有什麼好吵的，讓弟弟或妹妹一下有什麼關係，但這件看似小小的事，倘若在四歲沒有發展出來，卻會嚴重影響到孩子的人際關係。

想想看，一個沒有所有權概念的孩子跟別人一起玩玩具時，常常會出現搶來搶去、佔著一堆玩具的情況，很不討人喜歡不是嗎？我們往往出現這種狀況才去責備孩子。其實孩子不是愛搶，而是真心覺得所有玩具都是他的，到了這種時候才來責備孩子，不覺得是在挖洞給孩子跳嗎？

教養孩子，並不是讓孩子擁有所有想要的一切就好，那不是一種疼愛，而是一個陷阱。當「所有權」沒有發展成熟，在小的時候不會讓人感到困擾，但是在四、五歲開始進入團體生活時，就會出現問題，甚至被誤認為偷拿別人東西的孩子。到這時候想要改變，就不是一件輕鬆事了。

調整自己，改變孩子

爸媽不用想得很複雜，也不用和孩子不停說大道理，讓我們用三個方式，輕輕鬆鬆幫孩子培養出所有權的概念。

一、一起摺衣服

在所有的家事中，最適合孩子的就是摺衣服。只要適當的安排難度，即便小小孩也能輕鬆做到。兩歲的孩子可以把媽媽摺好的衣服放到衣櫃；三、四歲可以簡單的對摺內衣褲；五歲以上可以和大人一樣完成摺衣服的工作。從一起做家事的過程中，孩子透過遊戲的過程學習分辨哪個是誰的，要放到哪一個抽屜，是很生活化且有效的練習。孩子的學習往往要透過手腳動作，才更能深刻記憶喔！

二、爸媽的玩具

孩子們特別在乎玩具，所以玩具也是協助孩子的媒介。玩具當然是要買給孩子，也都是孩子在玩，但是玩具的所有權卻不一定要百分之百屬於孩子。將一些玩具的所有權放在爸媽的身上，當孩子想玩的時候，需要和爸媽借，玩完更要還給爸媽，就是一種絕佳的練習機會。特別是有些玩具很貴，缺了一個小零件就不能玩，更應該將所有權放在爸媽身上。一來爸媽可以和孩子一起玩，二來可以避免孩子因為弄丟掉小零件而被責備。

三、媽媽手提包

不可以亂翻別人的包包，即便是媽媽的也不行。不要因為方便就讓孩子到你的包包拿東西，這絕對是大忌。要讓孩子學會尊重別人的隱私。因為孩子只會記得動作，但不會分辨情境，在外面就很可能會誤動別人的東西而惹禍上身。因此請不要讓孩子動別人的包包，即便是家人的也不可以。

我們常喜歡說道理，覺得孩子只要聽得懂就能配合，卻忽略經驗對孩子信念的影響。想想看，如果在孩子的世界裡，本來所有玩具都是他的，突然來到一個世界的玩具都是別人的，你覺得他會接受嗎？所有權不是與生俱來，而是靠後天經驗的累積。正向的看待孩子，不要覺得孩子只是愛亂拿東西、佔為己有，而是要幫孩子建立起良好的所有權概念。

05

我就是要這樣！

孩子有情緒，你都怎麼做？

明明已經先跟孩子說好要先做什麼再做什麼，但時間一到，孩子老是堅持自己的想法，一定要照他的方式做才可以，不然就大發脾氣。這個時候，身為家長的你會怎麼做？

☐就讓他完成他要做的，再做原本說好的事情。

☐不管三七二十一，要求他立刻停下來。

☐使用利誘法讓他願意停下來，先做說好的事。

☐跟他繼續耗下去。

皓皓不論生活中大小事都很堅持要照自己的時間或形式，像是睡覺前一定要聽某個故事才睡；吃飯一定要拿著車子玩具，一定要用藍色盤子、綠色湯匙才要吃飯，好說歹說就是一點也不妥協，不然就會上演躺地打滾戲碼，非得順著他才行。為什麼孩子做什麼都要依照自己的想法，一不順心就崩潰，難道是孩子有強迫症嗎？

固執無法預期

孩子做事很執著，凡事堅持己見，就連一點點變化都不能配合，只知道自己想要的，常將氣氛弄得很僵。就算是威脅利誘也都沒有效果，常常讓父母感到頭痛不已。

固執的本質是害怕失去，因而引發焦慮的情緒。在兩、三歲時是出現的高峰，主要是因為孩子對於事情預測能力不佳，無法知道事情改變後會出現哪些變化，因此只要生活上有一點不同，就會導致焦慮或緊張的情緒反應。

孩子為了避免自己出現不安全的焦慮感，就會出現「固執」的行為，所有的事都按照自訂的固定順序，任何輕微改變，只要沒有事先告知，就會導致情緒失控或抗拒。

這時通常也會伴隨另一種行為，也就是同一句話要問上十幾遍，例如孩子問說：「等一下可以喝果汁嗎？」即便已經回答他，不到三分鐘，他又會再過來問一次，問到都讓人煩心了。孩子其實不是故意要惹大人生氣，只是希望你每次的答案都能一樣，這樣他才會感覺到安全。

有規律才能預期

孩子比大人更喜歡規律，喜歡每天做一樣的事，特別是在四歲以前。明明一部卡通已經看過好幾遍，大人早就看膩了，孩子卻還是樂此不疲。與其看一部電影，反而廣告時間更吸引孩子注意，常目不轉睛的看著同一支廣告，甚至模仿廣告中的人物動作。

孩子喜歡重複不停出現的東西，並從中獲得樂趣，也就是可以「預期」下一秒會發生什麼事。對孩子來說，這些事情好像是記憶大考驗，在他小小的腦袋瓜裡不停的猜測下一秒會出現什麼，當真的如自己預期的出現時，就會露出勝利的笑容。藉由這樣的練習過程，孩子漸漸發展出對事物的「預期能力」，才能應付日後快速變化的真實環境。

這裡不是要鼓勵大家讓孩子多看電視，而是提醒爸媽的行為必須要有一致性。你的行為與時間讓孩子越容易預期，孩子也越容易建立良好的預期能力。相反的，如果孩子經驗不足，無法正確預測環境變化的「規律性」，自然就容易感到不安。久而久之，會讓孩子變得只要一點點小變化就心生抗拒，養成固執而難以溝通的個性。

要協助孩子的方式並非故意去刺激他們，或讓他們每天都做不同的事，這樣只會把孩子搞到崩潰大哭，卻沒有任何發展的意義。請幫孩子安排規律的生活作息，每天在固定的時間做固定的事，讓孩子建立生活的秩序感。當一切都按部就班，孩子不用思考也能輕鬆預期時，我們才能進一步的訓練孩子的「彈性」。

調整自己，改變孩子

「執著」不是件壞事，如果孩子可以擇善固執，可以朝目標持續努力，反而是未來成功的關鍵。相反的，如果孩子對於環境適應不佳導致「固執」，我們就必須協助孩子改善。

在幫助孩子時，請先放鬆自己的心情，不要操之過急，如同前面說過，固執的本質是害怕失去，焦慮才是孩子鬧脾氣的關鍵。如果爸媽越急，孩子只會越焦慮。接下來讓我們用三個方式協助孩子試試。

一、避免太累

兩到三歲的孩子最喜歡玩，常迫不及待想出門，但體力往往跟不上自己的慾望。孩子無法察覺自己的體力，就像是一台無法顯示電量的手機，哪時會突然電量不足都很難預期。因此，爸媽必須幫孩子做記錄，避免孩子出現累過頭的情況。「見好就收」絕對是帶孩子的祕訣。大腦的抑制功能非常消耗能量，如果孩子累過頭，即便再乖的孩子也會無理取鬧，更何況是預測能力不佳的孩子呢？

二、增加彈性

當孩子已經建立出規律的生活，清楚知道每天的時刻表，這時就可以進入下一個步驟：趁孩子體力好、心情好的時候，在固定活動中加上一點小變化。例如：拿畫筆畫畫時，增加一個用膠水黏貼的玩法；玩積木疊高高時，加上一些小人偶，或者同樣一個玩具選擇另一種玩法來玩，這些都是幫孩子增加彈性的好方式。打破孩子固執最好的練習機會，並非出門在外的時候，而是在他覺得最安全的地方，才會有最好的效果。

三、提供預告

對於預期性不佳的孩子，提供「預告」是最有用的方式。爸媽可以使用繪本，藉由說故事的過程讓孩子融入情節中，彷彿自己就是故事主角，一步一步的預演一次即將發生的事。藉由這樣的過程，孩子對於從未經歷過的事，已經在心裡有一個預期的流程，明白一件事情之後會發生哪些事情，就比較不會因害怕而引發情緒。其實爸媽不用想得太複雜，或擔心自己不會說故事，現在網路如此發達，在網路上找優質影片給孩子看，也是可以考慮的替代方式。

有目標的執著是「堅持」；沒目標的執著是「固執」。過度執著不見得是不好的事，關鍵在於孩子有沒有「目標」。我們應該要做的，不只是強迫孩子改變，也不是跟著孩子一起擔心，而是幫孩子找出符合他天賦的才藝，無論是繪畫、音樂、數學……什麼都好。這樣一方面可以讓孩子轉移注意力以調節壓力，再來也能幫他找到努力的目標喔！

06

忍不住要尖叫

孩子有情緒，你都怎麼做？

孩子很愛突然尖叫，不管怎麼喊他，就是停不下來，甚至越大聲喊他，他就像在比賽一樣跟人比大聲。這個時候，身為家長的你會如何？

□直接離開現場不理他。

□繼續唸他，要他停下來。

□摀住他的嘴巴，不讓他繼續尖叫。

□把孩子帶走到另一個空間。

君君在家很常尖叫，不論開心或生氣都一樣，好說歹說也停不下來，反而叫更大聲，甚至是到了公共場所還這樣，當下真的讓人想找個洞馬上鑽進去，帶他外出更成為可怕的負擔。

為什麼孩子會這麼愛尖叫呢？是想吸引大人注意嗎？如何才能減少孩子尖叫的頻率呢？

尖叫是大腦超過負荷

有孩子的人都知道，孩子尖叫起來，根本是「魔音穿腦」等級的噪音，會把人搞到頭痛欲裂。

如果從發展的角度來看，孩子用尖叫來表達情緒的高峰期在一歲半到兩歲左右。主要是因為孩子的想法越來越多，語言卻還沒追上，所以「有苦說不出」，因而出現大聲尖叫的行為。

這時期的孩子由於大腦神經系統尚未成熟，對感覺的調節能力較弱，無法有效率的過濾不需要的刺激。當外在環境刺激太強，神經系統超過負荷，就會出現大吼大叫的情況。想想看，當我們在遊樂園坐上雲霄飛車時，是不是也會忍不住想大聲尖叫？孩子的情況也是如此，只是有些孩子特別敏感，對於大多數人可以承受的刺激也會讓他過度興奮，就特別容易尖叫不停。

孩子尖叫不是在鬧脾氣，是在宣洩大腦過度負荷的能量，好讓自己重新安定下來。所以孩子愛尖叫不一定都有問題，如果是玩得很開心而興奮尖叫，基本上爸媽不用太擔心。就像是你無意間在路上碰到超喜歡的大明星一樣，也會開心的尖叫一下不是嗎？

愛尖叫的問題，絕大多數孩子在三歲以後會漸漸消失，如果超過四歲還持續出現，爸媽就要特別注意。長時間下來，可能會導致孩子出現不良行為，甚至引發社交互動上的困擾。特別是孩子習慣用尖叫來表達「負面情緒」時，更要注意是否在語言表達方面比較弱，看是否需要額外的訓練協助喔！

尖叫是情緒傳達

對孩子來說，尖叫是一種「傳達情緒」的工具。特別在兩歲以前，孩子的語言詞彙量不足，雖然已經可以說話表達，但是常常詞不達意，更何況是要描述連大人都很難說清楚的「感受」。聲音成為孩子最基本的傳遞情緒模式，也因此容易出現喜歡大叫或尖叫的情況。

讓我們一起來了解誘發孩子尖叫最常見的三個原因。

一、興奮

如同前面所說，當孩子過度開心時，會因為情緒太過高亢而尖叫狂笑。這時爸媽需要暫時中斷遊戲，避免繼續給予刺激，而不是不停的要孩子小聲一點。

二、抗議

當孩子被責備時，會用尖叫來表達抗議或不想接受。有些爸媽會覺得愧疚而妥協，反倒讓孩子誤認為這是個好方式，結果養成只要一不如意就尖叫的行為。這時爸媽的一致性就很重要，不然孩子往往會在兩人的原則間找漏洞，導致越叫越大聲。

三、遮蔽

孩子有時會用大聲尖叫來遮蔽不想聽到的聲音或話語，特別是當有孩子討厭的聲音時。爸媽可以觀察一下，孩子尖叫時是否會摀住耳朵。如果是的話，可能就是與環境刺激有關，這時應該幫孩子避免過於吵雜的環境。

調整自己，改變孩子

在情緒發展的過中，當孩子的「想法」與「表達」之間不平衡，情緒能量無法適當宣洩，就容易讓孩子不停尖叫。如果孩子可以流暢表達自己的感受，又何必辛苦的拉大音量呢？

我們需要做的不是禁止，而是找出協助孩子的方式。讓我們試著用底下方法來幫助孩子看看。

一、避免過度刺激

喜歡尖叫的孩子，主要是因為感覺調節的能力較弱，對於些微刺激也會產生過於激烈的反應。在協助孩子時，最重要的是避免給予過度刺激，避免孩子養成不良習慣。對這些孩子來說，請不要和他們玩搔癢遊戲，故意逗孩子大叫大笑，不然孩子之後很容易因為一點點小事就尖叫。相對於搔癢，這些孩子更需要的是按摩與擁抱。多給孩子一些擁抱，才是避免孩子尖叫的最好方式。

二、減少負面用語

爸媽越是數落孩子的錯誤，反而更容易導致尖叫行為。當然也不是放著孩子的問題不管，而是將「負面用語」轉換成「通關密語」。當孩子尖叫時，不要立即說「閉嘴」，而是讓孩子學小青蛙，盡量把嘴巴張大大，一副準備要吃蚊子的樣子，大約五秒後再閉起來，假裝把蚊子吞下去。藉由遊戲，在不責備孩子的情況下終止尖叫行為。平常可以多練習幾次，等到孩子尖叫時，只要說「小青蛙」，孩子立即連結到張大嘴、閉嘴巴的動作，就能減少尖叫的頻率了。

三、增加口語表達

影響情緒最重要的因素，並不是自我控制能力，而是語言表達能力。孩子能不能透過語言精確傳達自己的感受，才是在團體生活中保護自己的關鍵。對於語言發展比較慢的孩子，家長更要幫助孩子把「心情」說出來，透過當孩子翻譯機的過程，讓孩子學習如何表達自己的想法。當孩子可以熟練的說出自己的感覺，不用大人猜想，自然就不會因為別人猜錯而導致情緒爆炸的大聲尖叫。此外，當孩子說一句短語時，爸媽也可以適時擴充句子，孩子很快就會藉由模仿而將句子講得越來越完整。

除了前述原因之外，還有一個誘發尖叫的特殊情況——退化行為。如果家裡剛好有新生兒誕生，孩子會錯誤模仿弟弟或妹妹，產生暫時性的退化行為。只是和爸媽想像的不同，這在兩、三歲的孩子不常見，反而是五歲以後才會發生，因為孩子這時的發展關鍵在於「公平性」。

遇到這種狀況的家長，不要去要求孩子讓弟弟或妹妹，而是給予孩子長大的榮譽感，例如可以對孩子說：「五歲可以玩碰碰車、七歲搭公車有悠遊卡……」讓孩子藉由期待自己長大的過程，減少模仿小嬰兒的動機。

孩子「愛尖叫」的原因真的非常多，每個孩子都不一樣，所以並沒有所謂「特效藥」可以治百病。這需要爸媽運用智慧，一個一個找出背後的原因，才能對症下藥幫助孩子改變喔！

第四部

自信心

「自信心」是主動學習的動機。自信心的養成不是靠爸媽溫柔的鼓勵，而是要讓孩子在生活中可以獨立不依賴。自我照顧的能力，才是自信心發展的關鍵。

主動學習的原動力

脫離嬰兒階段的孩子，有著無窮的慾望想要探索世界。轉眼之間，原來那個走路搖搖晃晃的小企鵝，只不過一年的時間就變成一個小大人的模樣。這時孩子最期待的就是快點長大，每天都將「我長大了」掛在嘴邊，什麼事情都想要自己來，覺得自己超厲害。孩子藉由可以和爸媽做一樣的事來證明自己長大了，並且從中獲得「自信心」。

在自信心建立的過程中，往往不會一帆風順，有時會有意外的衝突而惹毛爸媽，常出現的情況有兩種：一是「搶第一」；二是「自己做」。

讓我們從史上最長的實驗開始說起。

茱莉・李斯寇特-漢姆斯（Julie Lythcott-Haims）在一場TED演講中，引用了二〇一二年哈佛大學心理學家韋朗特（George Vaillant）所發表的一個長達七十五年的研究：「小時候有做家事的孩子，長大後事業更成功。」這個研究顯示，有做家事的孩子，成年後從事高薪資工作的人數比例多出沒做家事的孩子四倍，失業的可能性則少十五倍。

做家事對孩子來說，應該要是一種榮譽，因為這表示孩子長大了，因此被賦予可以做事情的「責任」。這讓孩子覺得自己有價值，並從中培養出「成就感」與「自信心」。擁有了自信心，孩子就能鼓起勇氣面對未來無法預期的挑戰。

當然我們不能期盼孩子做家事做得像成人一樣好，爸媽應該放鬆對孩子的要求和標準，要記得最重要的是，趁著孩子自己想要做，去培養出孩子的好習慣。指派符合他們能力的家事，是成功的關鍵，而不是盯著孩子做。當他們一次又一次完成家長交代的任務，就是在幫孩子培養責任感與自信心。當孩子做不好時也不要責備孩子，應給予孩子一個期待的說法，例如：「等到五歲時，你就可以做得好了。」

想想看，小嬰兒的可愛，不就是因為他的柔弱及需要呵護嗎？很多時候孩子沒自信，歸根究底不是他們太依賴，而是我們在潛意識中捨不得孩子長大，希望孩子可以像小嬰兒那樣持續黏著自己。

孩子長大，爸媽也要跟著長大，才是真正對孩子好。如果他生活中的一切都被大人代勞，又如何能建立出好的自信心呢？

自信心，不是靠爸媽鼓勵而來，是要從生活中的「成就感」獲得與養成的。

01

就是不想去比賽

孩子有情緒，你都怎麼做？

孩子總是不願意參加比賽，明明平常都表現很好，也會自己主動說要做，但只要提到「比賽」兩字，不論如何說服，就是不肯去。這個時候，身為家長的你會怎麼做？

□不比就算了。

□唸孩子怎麼那麼膽小怕輸，一點都不勇敢。

□告訴孩子輸了又不會怎麼樣，就去試試看。

□提供獎賞利誘孩子參加。

小沛已經學畫畫好一陣子，也畫得不錯，常被老師稱讚，但是只要提到參加比賽或上台分享作品，不論如何鼓勵就是不願意，越鼓勵越反效果，甚至躲起來或哭鬧。又不是叫他做不擅長的事情，怎麼就不願意去嘗試呢？究竟孩子是挫折忍受度低，還是膽小害羞呢？

別人眼中的自己

原本孩子明明什麼事情都搶著做，大方得不得了，但最近卻是不論如何鼓勵都不願意嘗試去做。很多時候，我們會覺得是孩子有情緒，又在鬧彆扭，明明可以卻不願意配合，但其實是孩子開始認識「別人眼中的自己」。

四歲，是一個有趣的分界線。在四歲之前，孩子對時間概念是懵懵懂懂的，他們一心一意專注當下的事，並且對未來充滿好奇，過去對他來說變得一點也不重要。畢竟，孩子這時想要嘗試的新事物太多太多，多到全部記得都有困難，哪有心思放在已經過去的事情呢？

對於這時期的孩子來說，「昨天」有多重的意義，只要發生過的事情都算是「昨天」。五分鐘前的是昨天，昨天也是昨天，甚至一個月以前也是昨天。即便失敗了，當下也會傷心得大哭一場，但不到十分鐘就又生龍活虎再試一次，直到自己可以克服難關為止。

但在四歲之後，孩子進入另一個階段，不單單是時間概念漸漸成熟，更重要的是，孩子開始學會察覺別人的感受，也就是「在別人的眼中如何看待自己」。這對於以自我為中心思考的孩子來說，是個非常重要的進步，不過也產生了一些副作用，那就是孩子開始在意失敗，不敢大膽嘗試新的事物，甚至會顯得過於膽小退縮。

從這個角度來看，孩子並不是退步、膽小或太有情緒，而是進入了另一個全新的發展階段。

教太多也有風險

孩子在生活中，藉由不斷吸收與學習，逐漸發展出動作與認知能力。正是因為孩子覺得自己變得越來越厲害，而逐漸培養出自信心。但是，在學習思維上，孩子和大人存在很大的差異性。

以畫圖的過程來說，大人畫圖一定是先想好一個主題，然後用鉛筆打出底稿，修正線條後，再畫出一整幅畫。但如果你仔細觀察孩子們塗鴉的過程，孩子常常心隨筆走，畫到哪裡想到哪裡，明明說要畫一隻大象，最後可能畫出一隻漂亮的長頸鹿。

孩子在學習的過程如同手機APP一樣，第一次先推出可以用的1.0版，下次再升級成2.0版，可能要經過好幾次升級才能做到完美。邊做邊修正，不停嘗試與練習，直到一切都心滿意足，孩子就會換下一件事情來遊戲。

但我們在「教」孩子時，卻常常期望一次搞定，一定要做到完美才可以。在無形中，孩子學到的不是成就感，而是自己想得不夠好、做得不夠棒，又哪裡會有勇氣去嘗試呢？其實這也不算是種錯誤的做法，但是卻忽略了孩子的年齡，這種方法較適合用在大班以上的孩子身上。

教導孩子絕對有必要，但是當孩子開始動手，我們就要耐著性子看著。要忍住不去過度指導，才是幫助孩子建立自信心的關鍵。

調整自己，改變孩子

正向看待孩子的行為，先找到孩子的優點，再去微調孩子的弱點。不要反其道而行，那只是在不停打擊孩子的自信心。讓我們用三個方式，幫孩子快一點度過這一個階段吧！

一、百分之百成功

「起頭」永遠是最困難的，像是上台演講，看到台下密密麻麻的人，要說出一句話都很難。但很有趣的是，只要你開始說了幾句話之後，心情就會漸漸平靜下來。對於容易放棄的孩子，在鼓勵他參與活動時，第一個活動一定要是他已經熟悉的，要確保他可以百分之百成功。只要第一個活動讓孩子有信心，接下來再加入新的活動，他們就能放下警戒而願意配合的做下去。這也就是為何小小孩的課程通常第一個活動都是固定的，這可不是老師偷懶不換遊戲，而是上課引導孩子的小技巧。

二、見好就收

容易放棄的孩子，往往過度在意別人的看法，因此在引導孩子嘗試新活動時，建議分階段練習。不用一次做到完美，而是幫孩子把活動分成兩、三個步驟，再開始練習。當孩子完成第一個步驟後，記得見好就收，其他等明天再繼續。透過分階段讓孩子練習的策略，讓孩子每一步驟都在成功下完成，孩子就會更有自信，日後對於新活動的抗拒會漸漸消失。相反的，一次給予過多步驟或指令，往往只會讓孩子心生抗拒，當然更不願意做新的嘗試。

三、上台表演

站在舞台上成為眾人目光的焦點，往往讓人既緊張又開心。對孩子來說，上台表演也是獲得自信心的一個絕佳機會。只要孩子可以站在舞台上，都非常值得鼓勵。雖然孩子上台的機會並不多，還好現在手機幾乎都有錄影的功能，爸媽可以拍下孩子最美好的瞬間，並且有空多放給孩子看。當孩子可以親眼看到自己最好的一面，就會對自己更有信心。這裡還是要提醒爸媽，不要故意錄下孩子出錯的地方來做事後檢討。應該先幫孩子培養出願意上台的自信心，追求完美是下一個階段才需要做的事。

孩子不願意參加新活動、不願意比賽時，不要幫孩子貼上孤僻的標籤，更不要覺得他是在鬧彆扭、不給面子。只要運用一些小技巧，就可以有效幫助我們的寶貝孩子培養出自信心。

02 做事拖拖拉

孩子有情緒，你都怎麼做？

快到上學的時間，出門前請孩子穿衣、刷牙、吃早餐、拿書包，每件事都要講很多遍才去做，甚至過了很久還沒動作，有時甚至一催促就開始大哭。這個時候，身為家長的你通常會怎麼做？

□算了，就幫他做完吧！

□繼續唸，提醒他該做什麼事。

□陪他一起慢慢做完，遲到只好跟老師道歉。

□不理他有沒有做完，時間到直接出門。

每次叫瑞瑞做事總要三催四請，就算有在做，也是慢吞吞。一件小事要提醒好幾次，更可怕的是要出門時，眼看就要來不及，卻還是悠悠哉哉慢慢來，讓人忍不住火冒三丈。大聲催促後，換來的反倒是拖更久的崩潰大哭。

到底孩子要如何才會配合時間或讓自己動作快一點呢？

我真的還在想

有時對大人來說的簡單事，對孩子可能不一定如此，特別是孩子在四歲以前，「動作計畫」這個能力尚未成熟，很容易出現慢半拍的情況。這不是孩子的耳朵或聽力有問題，也不是他們態度不好，而是尚未具備同時處理兩件事的能力。這時的孩子往往要等手頭上的事解決之後，才能著手執行另一件事，但爸媽卻已經失去耐心。

所謂的「動作計畫」，就是計畫執行一個活動的能力，也是問題解決的基礎。動作計畫能力需要由身體界線與順序概念相互結合，才能做出有效率的組織與計畫，並且順暢執行。孩子如果在身體界線或是在順序概念上出現困擾，往往就無法組織出一個有效率的計畫，造成動作速度緩慢，也就是慢半拍的情況。

有動作計畫困擾的孩子在學習一項新活動時，常因為無法將老師或父母的指令有效率的轉換與組織，所以做不出相對應的動作表現。他們常常需要看到別人的動作，才搞懂到底要做什麼，就很容易讓大人感覺動作慢吞吞。先收起我們的抱怨，帶著孩子一起動手做，才能加快孩子的速度。相反的，對孩子越兇，他會越怕，結果反而陷入一動也不敢動的情緒崩潰狀態中。

一定沒好事

如果孩子計畫能力不佳，又擔心被責備，對他來說最好的方式就是等待。等待別人開始動，看完再做比較安全，這才是孩子的內心話。不要先入為主的抱怨孩子，如果孩子做十次，有九次都被罵，第十一次他還會立即喊有，那反倒要擔心他怎麼都罵不怕。

我們時常陷入一個盲點，就是忘記問自己，我們叫孩子做事，對孩子來說有沒有「好處」。如果叫他是百分之百有好事，孩子肯定百分之兩百會立即回應。如果你每次叫他都只讓他覺得沒好事，不然就是又要挨罵，孩子當然只想裝聾作啞矇混過去。

但難道我們就任由孩子這樣懶散嗎？當然不是，而是要藉由孩子的規律性，讓他養成固定的習慣。其實小小孩更喜歡規律的事，不要預期說一遍孩子就會自己做好，可以先花一週的時間帶孩子一起動手。孩子超喜歡黏在爸媽旁邊一起做，透過帶孩子動手的過程，讓孩子養成習慣，再來就可以漸漸放手。到那時要求孩子做事就會更容易了。

但這裡必須提醒大家，當我們在使用語言來「遙控」孩子時，孩子只要開始動作，爸媽就不要再一直叫喚或叨唸，不然孩子肯定又會關起耳朵。對孩子要有正確的期待，不要一邊做一邊數落孩子，這樣孩子很難擁有動機。孩子畢竟不容易做到完美，在練習的過程中由於計畫能力不成熟，更常會缺少一、兩個步驟。只要大致完成，就必須鼓勵孩子，這樣之後他才會更願意配合。

等到較有空閒時，可以再帶著孩子一起多做幾次，透過示範讓他學會注意細節，就能表現得更好。在放手與示範的反覆交替中，孩子漸漸學會自己完成一件事。讓孩子一叫就動的關鍵在於幫孩子創造「成就感」，而不是「挫折感」喔！

調整自己，改變孩子

當孩子充滿自信心，覺得自己一定可以做得很好，肯定超級想要表現，又怎麼會推三阻四的不願意動呢？盡量看到孩子好的一面，越能觀察到孩子的好，孩子就越叫得動。在協助孩子時，我們可以使用三種方式。

一、聽到答「有」

孩子有無比的想像力，很容易沉浸在自己的世界而忽視外在的刺激，有時就會沒聽到。想要孩子一聽指令就配合，第一步是要確定他有沒有聽到。我們可以抽空和孩子玩「叫名字」的遊戲，請孩子在聽到自己的名字或暱稱時要答「有」，透過這樣的遊戲，讓孩子習慣回應。

很多時候我們都誤認孩子是推三阻四或不想做事，其實他根本沒聽清楚大人在說什麼，而你又那麼兇，孩子哪敢承認自己沒聽到。讓我們先從「聽到答有」開始練習，記得等到孩子回答以後，才可以說後面要請孩子做的事喔！

二、玩攀爬架

身體界線，就是察覺自己身體與周邊物品相對位置的能力，就像是開車要準備停車一般，如果能充分掌握車子的大小，路邊停車就比較不是問題。身體界線不佳的孩子，往往因為無法準確掌握自己身體的範圍，所以必須不停依賴眼睛的協助，不然很難做出正確動作，這會讓孩子出現動作品質不佳或緩慢的情況。當孩子碰到這個困擾時，可以多鼓勵孩子去玩攀爬架、繞障礙跑、墊上運動等活動，藉由遊戲讓孩子熟悉自己的身體範圍，進而發展出身體界線的察覺力。

三、簡化步驟

順序概念，就是按照步驟來執行活動的能力。順序概念比較弱的孩子，在記憶時常會只記得要做哪些事，卻忽略事情的先後順序，於是做得越多反而錯得越多。這樣的孩子往往超過四個步驟後，就會出現先後順序顛倒的情況，需要不停看別人才知道自己做得對不對，往往等到大家都快完成動作，他才正要開始。對孩子來說，當你交代或說明的事項越多，無意間也增加了更多步驟，反而會讓孩子更混淆，結果做得越來越慢。當孩子碰到這個困擾時，可以多多鼓勵孩子去玩跳格子、電話複誦、打擊樂等活動，藉由遊戲讓孩子練習對於順序的記憶。

在協助這些孩子時，抱怨或責備往往只是大人在宣洩情緒，對孩子沒有幫助，反而會增加孩子的焦慮或負向情緒，讓孩子越來越害怕嘗試，結果動作變得更慢了。家長請試著先放慢自己的步調，依序幫助孩子培養身體界線和順序概念，這樣孩子才不會繼續拖拖拉拉下去。

03

我不會，媽媽幫我

孩子有情緒，你都怎麼做？

當遇到新的事物，孩子總是先躲到一旁不願意嘗試，就算給他鼓勵和稱讚，還是不斷的說「我不會」、「你做」。這個時候，身為家長的你通常怎麼做？

- □繼續鼓勵孩子，對他說「你可以的」、「很簡單」。
- □就幫他做完，省得麻煩。
- □不理會他，看他會不會自己做完。
- □告訴他不做完就不能做喜歡的事。

慧慧在學習上明明沒什麼問題，但只要碰到新事物就先打退堂鼓，老是把「我不會」掛在嘴邊，一定要媽媽或大人幫忙才願意試，如果媽媽不在旁邊就什麼都不去做，硬要他去試就開始大發脾氣，搞得媽媽總是手忙腳亂。

究竟是孩子太依賴，還是孩子不獨立呢？媽媽不可能幫他一輩子啊，該怎麼做比較好？

依賴，有兩種

四歲以前的孩子自我照顧能力尚未成熟，確實凡事都需要爸媽協助。但是四歲以後，他們就需要漸漸學習獨立，練習成為可以獨當一面的小大人。但有些孩子還是非常「依賴」爸媽的協助，久而久之就變成一種習慣。碰到這種情況時，我們必須區分孩子是屬於「工具性依賴」或「情緒性依賴」。

「工具性依賴」是因為孩子的能力尚未成熟，將爸媽當作工具來達成自己的目的，比方說因為「前景背景區辨」不佳，無法在複雜的背景中找到指定物品，所以每次要找東西時，就需要爸媽幫忙。這種情況下去強迫或責備孩子，希望孩子獨立，只會讓孩子感到挫折。這時家長可以改用遊戲書來幫助孩子練習「前景背景區辨」，或降低環境複雜度，反而能讓孩子更容易完成指令。

「情緒性依賴」則是因為孩子出於害羞、撒嬌、恐懼、自卑等情緒，擔心自己做不好，所以一定要爸媽協助才願意執行。因為沒有真實能力上的問題，如果此時凡事都順著孩子，會讓孩子變得更加依賴。引導孩子紓解情緒，才能真正解決孩子過度依賴的問題，這更需要爸媽溫和的堅持，才能改變。

依賴是因為缺乏自信

現在的孩子很依賴，最重要的原因是「過度教導」。我們太習慣去教孩子做事，不論他做什麼，我們都想糾正他再做好一點。連孩子自由創作的塗鴉，也習慣加上一、兩筆讓它變好看。換個角度想，這樣不就是無意間在打擊孩子的自信心，彷彿在告訴孩子其實你什麼都做不好，不是嗎？

要學會「引導」而不「教導」。比方說你看到中班孩子畫的自畫像中，只有一個大大的圓臉加上兩個黑豆豆眼睛，這時你會說什麼？絕大多數的我們會直接說：「你的鼻子和嘴巴呢？」這就是「指導語」，因為你是直接對孩子說出「答案」，而不是讓孩子思考。雖然孩子可以立即就學會，卻也同時學會了依賴，等待你給予標準答案才願意執行，以免做錯。

思考就是讓孩子在一問一答中學習，這不就是孩子的天性嗎？不停的問問題，然後自己找出答案。使用「引導語」時，我們可以反問孩子說：「還少了什麼呢？」讓孩子動一動腦筋，想想自己的臉上還有什麼。差別只在短短的「一句話」，對孩子卻是完全不同的學習歷程。

我們大人都太喜歡「教」，習慣「餵養」孩子知識，卻忽略了「讓孩子想一想」的重要性。等到孩子習慣後，又抱怨孩子不喜歡動腦筋。學會「引導」，而不是「教導」，讓孩子多想想、多試試。趁孩子年紀小時，讓他們多多練習自己想，才會擁有解決問題的能力，長大後才不會凡事依賴他人。

調整自己，改變孩子

一個喜歡依賴的孩子，往往有一個十項全能的媽媽或爸爸。因為不論自己再厲害，永遠都不夠厲害，他會因為缺乏自信而變得更依賴別人，久而久之便成了一種習慣。

依賴的原因不同，協助孩子的方式也不同，基本上，我們可以從三個方向來著手。

一、協助孩子成功

請先降低「標準」，不要在孩子鼓起勇氣嘗試動手之後，接著收到一大頓「批評」。這只會讓孩子挫折與自卑。將一個指定工作分成兩、三個部分，只要孩子達到一個就給予鼓勵。讓孩子從工作中獲得「成就感」，才是脫離依賴的第一步。引導孩子找到自己擅長的活動，孩子會從中知道自己真的比別人厲害，透過成就感與自信心的累積，就不會凡事吵著要人幫忙，變得願意自動自發做事。

二、減少吸引注意

孩子們都期望可以獲得爸媽「注意」，以滿足自己內心的需求。想想看，當孩子花了一小時畫一幅畫，第一件事一定是拿給爸媽分享，不是嗎？如果孩子表現好卻沒有獲得「讚美」，那你覺得他會怎麼做？當然是用「賴皮」來吸引大人的注意力，特別是家裡如果還有一個三歲以下的弟弟或妹妹，更容易出現錯誤模仿的情況。可以試著在孩子表現不好時故意忽略，而表現好時加倍鼓勵，來達到降低吸引大人注意力的行為。

三、開始練習分房

分房睡是一種獨立的象徵，讓孩子瞬間覺得自己「長大了」。這是出於孩子內心的想法，比你費盡口舌去告訴他「你長大」還來得有效。鼓勵孩子嘗試分房（分床）睡，引導他們去布置自己的房間，讓他自己挑選床單、被套等，都可以讓分房睡更容易成功。從經驗法則來看，建議在中班升大班的暑假執行，會比讀小學一年級後更容易成功。畢竟，小一對孩子是種完全不同的環境，因此也承擔更大的壓力，如果再加上要分房睡，孩子往往比較難以適應。

要改變孩子之前，請先改變自己。千萬不要因為工作忙碌，而對孩子有愧疚感，所以對孩子過度付出，卻又抱怨孩子依賴心強、不獨立。透過循序漸進的引導，幫孩子建立自信心，孩子才會越來越自立自強。

04

不喜歡輸的感覺

孩子有情緒，你都怎麼做？

孩子每次都說要比賽，也約定好輸了不會生氣或哭鬧，贏的時候沒事，但只要一輸就開始生氣大喊不算，甚至還會動手動腳。這個時候，身為家長的你都怎麼做？

□唸孩子說話不算話，下次不跟他玩。
□針對孩子不合適的行為處罰或要他道歉。
□就算了，反正他就還是小孩。
□不理他，讓他自己冷靜。

小毅什麼事情都要比賽，排隊要第一個、玩遊戲一定要第一，比賽一定要贏，只要沒拿到第一名就發脾氣，甚至知道自己快要輸了就選擇放棄或改規則。

愛爭第一卻又輸不起，常常讓爸媽覺得好頭痛，究竟是孩子個性不好，還是故意不配合呢？

搶第一是天性

三歲左右的孩子，急切的希望自己「長大」，可以和爸媽一樣厲害，這時往往會特別執著於「第一名」，好像一定要得到這個「稱號」才能受到認同。爭先恐後的情況在此時很容易發生，尤其是有了弟弟或妹妹時，這個情況就會更明顯。隨著孩子在團體生活的經驗增加，開始學會分享，這種情況就會漸漸減少。到了五歲時，孩子開始發展「自我控制」的能力，可以壓制自己的慾望，就能真正做到溫和禮讓的表現。

「總是要當第一名」並不是問題，而是一個正常的過程。孩子透過這樣的階段發展出自信心。只不過如果用命令或規範的方式去壓抑孩子的「好勝心」，結果孩子什麼都變得非常禮讓，也會凡事都提不起勁。那又該如何引導孩子調適心情呢？可以試試「輪流當第一」的方式，例如對孩子說：「今天你先，明天換姊姊。」或是對孩子說：「你是男生組第一名，姊姊是女生組第一名。」

不需要去禁止孩子這樣的行為，而是應該透過適當的引導，幫助他更快渡過這個階段。

擔心自己不好

孩子很愛搶第一，只要輸了就鬧脾氣，這狀態很容易和五歲的「挫折忍受度不佳」混在一起。從兒童發展的角度來看，這其實是兩個完全不同的事，就讓我們進一步來了解。

三歲時，是孩子「自信心」發展的關鍵時期。透過生活經驗的回饋，孩子從成就中發展出自信心。這時他們對自己是不是最快、最棒的開始在意。只是孩子的世界非黑即白，採二分法，沒有灰色地帶，他會認為自己不是好，就是壞。所以孩子並不是大人以為的輸不起，只是擔心自己變「不好」才會有這樣的情緒反應。歸根究底是自信心尚未成熟形成的問題。

這時爸媽需要做的，是幫孩子找出自己的亮點，透過鼓勵讓孩子知道自己厲害的地方。不論是很會畫圖、做勞作、有禮貌、跑得快……等，任何可以贏別人的優點都可以。當孩子知道自己拿手的事，就能夠擁有自信，而不會因為一次沒拿第一就受挫哭泣。

如果在五歲以後還有「輸不起」的情況，就是因為「挫折忍受度不佳」，協助的方式也會不一樣。孩子有這種情況的話，可以參考第六部關於「自我控制」的說明。

調整自己，改變孩子

想得到「第一名」也是好事，表示孩子有想要成功的「動機」，以及想獲得讚美的「慾望」。只是，如果孩子不知道三個「隱藏規則」，往往好不容易贏得「第一」後，等待他的不是「獎勵」而會是「處罰」。讓我們一起來認識這三個常被忽略的重要原則。

一、**等待概念**

在團體生活中，並不是自己做完就好，而是要等待大家一起完成。當別人還在做的時候，自己雖然已經完成手邊的工作，還是需要多等待一下。很多孩子明明第一個做完，但是一做完就跑掉了，看起來就像是不聽話，其實這是由於缺乏等待概念。爸媽可以在點心時間要求孩子先坐好等三十秒，如果可以做到才給孩子點心吃。透過日常的小練習，漸漸延長孩子的等待能力。基本上，只要能等待三分鐘，就足以應付學校生活的要求了。

二、輪流概念

團體遊戲中，必須記得誰先誰後，才能依照順序出發。輪流和排隊不同，排隊是大家都做同一件事，輪流是「你出發，我等待」。輪流概念不佳的孩子，常會搞不清楚出發的順序，而出現急著跑出去的情況，因此破壞了遊戲規則，甚至遊戲結束時還堅持自己要做最後一次，更因此生氣。現在許多孩子生長在小家庭，在日常生活中需要輪流的機會不多，很難自然而然學會。爸媽不用太擔心，因為只要有一副撲克牌，就能輕鬆幫助孩子練習。準備一副撲克牌讓孩子發牌，一張一張輪流發給每一個人，看看發完後是不是每個人一樣多，這樣就可以知道孩子是否能記清楚順序。

三、挫折忍受

和孩子玩遊戲的規則中，需說明當加入遊戲後，不論好壞都必須玩到遊戲結束。不能因為拿到好牌才玩，拿到壞牌就放棄。挫折忍受度不佳的孩子，可能會因為怕失敗而出現賴皮、哭鬧、破壞遊戲的行為。讓孩子跟爸爸或媽媽一組，透過一起遊戲的方式來分擔恐懼失敗的壓力。當孩子可以在承受失敗的壓力下完成一輪遊戲後，再漸漸放手讓他自己玩，孩子就會漸漸變得越來越有勇氣。

好勝心強不一定是壞事，一味的要求孩子禮讓或刻意強化競爭，都不是最好的方式。幫孩子培養出一個嗜好或興趣，找出自己與眾不同的亮點，當他明確知道自己厲害在哪裡，就不需要什麼都要搶第一而鬧脾氣了。

05

我什麼都很糟

孩子有情緒，你都怎麼做？

孩子常常突然說出「我好笨」、「我不會」、「我一定會失敗」，還沒開始就沮喪到要放棄，有時半推半就才慢慢做一些，又繼續說自己都不會。這個時候，身為家長的你會如何？

□忽略孩子的言語。
□大量鼓勵孩子，告訴他可以的。
□責備孩子不該在沒有完成前都不嘗試。
□算了，先幫他做完。

融融看起來很乖巧，但什麼事都往壞處想，經常悶悶不樂，好像對什麼都沒有興趣。有時明明做得不錯，卻突然冒出一句：「我好笨，什麼都不會。」參加比賽前，就一直覺得自己會輸，甚至想臨陣脫逃。怎麼孩子年紀輕輕就如此消極呢？究竟是怎麼了？

自尊，不是靠鼓勵

凡事都往壞處想的孩子，當然情緒比較容易低落。並不是因為孩子天生懶惰、愛哭，而是與「自尊」有關。高自尊的人常常神采奕奕，好像天下無敵一樣擁有無窮無盡的體力；低自尊的人常常無精打采，好像天會塌下來那樣愁眉苦臉且缺乏動機。

美國心理之父威廉・詹姆斯（William James）針對自尊心有非常獨到的見解，他提出一個「自尊公式」：

自尊＝真實成就÷自我期望

自尊心，不是靠口頭鼓勵出來的，而是透過手腳操作的成就感。孩子喜歡模仿大人的動作，學大人拿筷子、拿掃把，或是學媽媽穿高跟鞋走個幾步，正是經由這樣模仿並熟練的過程，從中覺得自己跟大人一樣，一步一步培養出自尊心。

自尊低落的原因有兩種：一種是孩子客觀能力上無法獲得成就感；另一種是過度與他人比較，感覺比不上別人。兩種都會導致孩子過度貶低對自己的評價，變得缺乏動機，凡事都提不起興趣。孩子需要的不是「鴕鳥式」的鼓勵，那無疑只是增加孩子的「自我期許」，反而會讓自尊心越變越小。我們要做的是積極培養孩子的「真實能力」，拉起他的手一步一步去做，當能力增加，自然會更有動機，找回生活的樂趣。

不要過度讚美孩子的聰明，而是要鼓勵孩子的努力。不知何時，「勤奮」變成「愚笨」的代名詞，好像很用功就是因為不聰明，結果搞得每個孩子都像鴨子一樣，表面上悠閒自得，私底下卻拚命划水。長時間把自己偽裝成另一個人，又哪裡能得到快樂呢？

高成就，低自尊

最近看到一份資料，讓我覺得非常驚訝。美國針對大一學生做了一份研究，調查指出大一學生的自我心理健康評估已經跌到二十五年來的最低點。美國心理學會公布一份〈大學校園的危機〉報告，亦指出接近二分之一的學生對未來感到「無望」，三分之一有心情過度低落而影響到學業的情況。

這些優秀大學的學生們，辛苦的程度不輸台灣的孩子，也需要熬夜讀書，努力提升學業成績，以求擠進名校的窄門。這些菁英中的菁英，應該是同儕中最有自信的一群人不是嗎？為何卻深陷憂鬱的危機中呢？

其實，許多孩子努力與堅持的學習，為的不是考試的成績，而是「理想」。當理想達到時，頓時就失去目標，甚至對無法預期的未來感到不安。最重要的原因是，孩子們對於未來無法建立出一個「新理想」，因此感到絕望與不滿。

衛福部在二〇一七年公布台灣第一份兒童與青少年的心理健康調查，指出約有三分之一的孩子需要心理方面的協助，甚至有三・一%的孩子在半年內有自殺的念頭過，特別是都市化程度較高但社經地位較低的孩子更為明顯。為何我們的孩子們會有如此高的壓力呢？

或許要改變的不是孩子，而是我們和孩子互動時的「態度」。當我們滿口抱怨的責怪別人，把自己當作一個受害者，孩子又如何學會有自信呢？當我們看著電視、新聞媒體，將社會當作一個大陷阱，孩子又如何能建立理想？在我們的一言一行中，不時透露給孩子一個「做什麼都沒用」的訊息，這會深深烙印在他小小的腦袋瓜裡，他又如何能建構出自己夢想中的未來？

不論社會多麼的亂，都不應該剝奪孩子的夢想。當孩子在身邊，請克制自己的衝動，不要讓你的氣話影響孩子的想法。當孩子看見你的堅強，看著你勇敢尋求夢想的背脊，就會踏出相同的腳步去尋找自己的夢想。讓我們問自己一件事，是誰偷走孩子對於未來的「想像」呢？

調整自己，改變孩子

一、給予安全

孩子們最需要的就是「安全感」，因為覺得安全才有動機四處探索，克服困難。當我們與孩子對話時，有時可能不自覺會用高壓、威脅的方式，例如說「再不聽話，就把你丟掉！」或是「你不乖，我就不愛你」。千萬不要讓這種話變成口頭禪，那會讓孩子感到恐懼或內疚，就很難開心起來。孩子需要的是父母親無條件的愛，這樣的安全感，也是讓孩子勇敢面對挑戰的堅強後盾。

二、培養興趣

多給孩子一些鼓勵，其實幫助不大。孩子不會因為你多說好話就變得有自信。我們要做的是幫助孩子找出長處，讓孩子發掘自己的優點。可以協助孩子準備一個獨特的嗜好，帶著他多練習以獲得「成就感」。讓孩子找出自己比別人厲害的地方，才能承受在「某些部分」輸給別人的挫折感。

三、減少比較

孩子悶悶不樂，還有一個原因是「什麼都愛比較」。比較衍生出來的妒忌，常會讓孩子難以釋懷，因而心情低落。少用「比較的方式」衡量孩子的表現，例如「你看姊姊就是長得比較高」這類的話，都會增加孩子之間的競爭，更容易讓孩子感到沮喪。同年齡的孩子在一起，難免比來比去，或者可以幫孩子安排一些「異齡團體」，減少比較的壓力，讓孩子更容易融入團體活動當中。

孩子需要的不是「強迫」，壓力只會讓他感到更孤獨；孩子需要的不是「鼓勵」，讚美只會讓他變得更依賴。孩子需要的是「成功」，從改變自己中培養克服困難的勇氣。找到孩子有成就感的事物，才能讓孩子變得樂觀而快樂。

06

我吹牛，因為我不想太差

孩子有情緒，你都怎麼做？

孩子常對別人說一些不真實的話，像是：我爸爸每天都出國、我昨天才去迪士尼、我有一萬台車子玩具等等，一旦牛皮被戳破還會死不承認，和人槓上、吵架。這個時候，身為家長的你會怎麼做？

□當眾訓斥，拆穿孩子說的話。

□假裝沒有聽到。

□幫孩子圓謊。

□直接帶孩子離開。

小軒說話常常很誇張，總會講一些和事實不一樣的話，特別是在學校愛和同學比來比去，一下說爸爸是董事長，一下說家裡開跑車，若不是老師特別詢問，沒有人知道其實根本沒這些事，真是讓爸媽萬分尷尬，更擔心孩子以後變成「放羊的孩子」。

孩子為什麼會變得愛說謊或亂吹牛呢？

想像與真實的混淆

孩子在三、四歲時，想像力特別豐富，常會說出一些很誇張的話，大人也很容易覺得他在「吹牛」。這時期對此不需要特別緊張。孩子的「吹牛」並非「說謊」，只是在表達他的想法與慾望。雖然有些太天馬行空，常常與事實不符。

孩子通常要到五歲時，才能分辨真實與想像之間的分界。此時小朋友聚在一起最喜歡比較誰的爸媽厲害，所以有時就忍不住說出：「我爸爸超厲害，一手就可以抬起冰箱。」這類誇張的話。請不要因此過度責備孩子，他只是想要表達對爸媽的佩服，而不是天生愛說謊。仔細觀察孩子的互動，就會發現孩子在認識新朋友時，有時會說：「你知道我爸爸（媽媽）是誰嗎？」也是同樣的道理。

這時期的孩子都希望可以表現得最好，想獲得別人的讚美，也因為有這樣的「動機」，所以孩子才會不斷進步與成長，這往往會讓孩子出現「自我炫耀」的心理。在他小小的世界中，期待自己可以成為最棒的一個人。

請不要認定孩子這樣是在「說謊」，就嚴格處罰孩子，而是應該根據事實去讚美孩子，讓孩子確實知道自己在哪裡可以表現得最好。很快的，孩子就會了解自己的優點，而不會出現過度誇張的吹牛式語言了。

如果孩子到了七歲時依然說話過度誇大，就需要特別注意。此時的孩子愛說大話，主要是希望朋友羨慕，從中獲得友誼。但是，如果說得太誇張，而吹破牛皮，不僅很容易產生羞愧的情緒，也容易遭受同儕排擠。

不會說謊也不好

雖然說謊不是件好事，但也沒有爸媽想像的那麼壞。研究發現，孩子通常在三至四歲有百分之五十曾說謊，到五歲時，超過百分之八十會說謊，到七歲以上，百分之百的孩子都曾經說過謊。如果孩子超過七歲以上從來都不說謊，爸媽反而要擔心，因為他很可能在推理別人想法的能力上有點不足，甚至有可能是「亞斯伯格症候群」的孩子。

「善意的謊言」是人際之間的潤滑劑。如果一個人過度直白，人們絕對不會稱讚他的誠實，只會覺得他很白目。因此，只要孩子一說謊就嚴厲處罰，最後往往會有反效果。當然也不是隨便孩子說謊，而是應該從「動機」來著手。如果孩子並非出於陷害或欺騙他人為目的，這時爸媽就不用過度在意，只要讓孩子知道誠實的好處就好。

相反的，如果是「惡意的欺騙」時，就要看他是因為擔心被責備，或是想要陷害他人。如果是前者，需要改變的是大人；如果是後者，需要改變的是孩子。兩種狀況處理的方式不一樣。從臨床經驗來看，絕大多數一開始會說謊的孩子，都是屬於前者，是從擔心被處罰開始，但是久而久之沒有解決問題，就變成一個壞習慣。

想要讓孩子不說謊，最重要的是，大人得聽得進「壞消息」。不要每次孩子對你說實話，你就暴跳如雷把孩子都嚇壞了。讓孩子知道對媽媽說實話，不會被處罰，而是要幫他一起想出解決的辦法，那麼孩子自然就不會再說謊了。

調整自己，改變孩子

一、認識自己的優點

不知道如何可以獲得「讚美」，才是孩子「吹牛」的原因。幫助孩子了解自己哪裡比較厲害，讓他有「實際」可以獲得讚美的能力，會是最有效降低孩子「吹牛」的方式。幫孩子找一個嗜好，準備好一個與眾不同的優點，絕對會比你抱怨他更有效果。此外，爸媽也可以選擇一些競賽活動，透過參加比賽獲得名次的過程，讓孩子有可以和朋友分享的事實，就可以減少不適當的說謊行為。

二、拓展生活的經驗

對於「想像力」過度豐富的孩子，常常語出驚人說出一些不可能的事情，結果反而讓人誤解。可以帶著孩子多參加旅遊、露營、參觀等活動，讓孩子透過親身經歷增加生活經驗。讓孩子有更多可以與朋友分享的「小故事」，學會說出符合事實的經驗，就不會因為想像而被誤解了。此外，謹慎篩選孩子看的影片也是關鍵，很多時候孩子並不是在說謊，而是曾經看到螢幕中的內容，卻無法分辨事實或虛幻，才會說出不符合真實的故事，導致被誤會是在說謊。

三、增加孩子的朋友圈

孩子喜歡吹牛，有時還隱藏著一個原因，那就是不想被「孤立」。因為擔心沒有朋友，才會出現吹牛的行為，希望吸引別人注意。可以試著增加孩子的朋友圈，讓他更容易融入團體生活，就可以降低說大話的頻率。不要反其道而行，威脅孩子說「這樣會沒有朋友」，反而讓孩子更加焦慮不安。幫助孩子在團體中扮演一個角色，不論是小幫手、小天使，讓他更快速得到認同感，會是最快而有效的方式。

「自我炫耀」是一種正常的心理，與其不停告誡孩子說：「大家都討厭愛吹牛的人。」不如將注意力放在孩子的優點上。給孩子表現優點的機會，並給予符合事實的鼓勵，當孩子知道自己比較厲害，就不會因為過度誇張而被貼上「愛說謊」的標籤了。

第五部

權力慾

「權力慾」是想在團體中尋求表現與注視。只是和爸媽想像的不一樣，並不是要在家中配合孩子的慾望，而是要讓孩子在群體中，學會如何有技巧的說服別人，培養出領導能力。

社會位階的建立

隨著自信心的建立，孩子覺得自己越來越厲害，於是開始在意「權力」的追求，在團體中希望掌控別人，要求別人配合自己。這情況在四歲左右達到高峰，孩子希望在團體中尋求好表現，想得到大家的稱讚與認同。但是因為想要控制別人，難免會有小摩擦，而出現發脾氣、鬧彆扭的情況。

人類是社會性動物，在群體中要找到自己的社會位階，也就是地位的排列順序。如果你有養過小狗狗，大概更能體會，小狗通常會對家裡其他人都很好，就只會對一個人特別兇，那就是牠認為那個人的社會位階比牠還低的關係。

四歲的孩子隨著團體生活的經驗增加，會出現爭奪權力的行為。孩子變得很有自己的想法，甚至會要求爸媽都要配合。他會從與家人的互動中找出自己在家中的地位，不論你我是否喜歡，這是人在動物性的一個面向。

這時不是要去順從孩子或好聲好氣的討好他，這樣反而會讓他誤以為自己在家中的地位「最高級」，特別是隔代教養的孩子，爺爺奶奶會特別寵愛，更容易有這樣的誤解，脾氣也就養得越來越大。

從這個角度來看，「權力慾」很像是孩子在找大人麻煩，乾脆把它消滅掉好了。

在傳統教養上也是這種心態，過去常聽到的「囝仔人有耳無嘴」，正是這個意思。其實，「權力慾」並非百分之百是負面，換個角度來看，孩子在團體中要求別人配合，不正是「領導力」的萌芽。爸媽大可放下心中的擔憂，大膽的讓孩子進入團體生活，從中學習到社會規範才是這時期最重要的事。

孩子應該學會的是如何「控制」同伴，而不是在家控制爸媽，不然等到青春期時，應該是誰聽誰的呢？過度配合孩子，往往只是增加孩子內在的困惑，反而埋下日後親子衝突的種子。

不要一味順著孩子，也不是去壓抑孩子，而是讓孩子進入團體生活中，不要整天窩在家裡。問題不在於孩子的權力慾望，而是語言表達是否良好？是否符合社會規範？這兩件事才是關鍵。要培養出孩子良好的社交技巧，而不是努力討好孩子。

讓我們學會當一個旁觀者，成為孩子溫柔的靠山，陪伴孩子一起練習吧！

01

才不要分給你

孩子有情緒，你都怎麼做？

當孩子在玩的時候，常聽到他在喊「這是我的」、「我不要給你」。明明事前說好玩具要一起玩，還是會去跟別人爭。不順著他就大發脾氣，胡鬧一陣。這個時候，身為家長的你會怎麼做？

□暫停孩子遊戲。

□不斷提醒孩子要讓別人玩。

□直接介入分配玩具。

□請其他孩子讓給他，以減少孩子的情緒。

阿德在學校每次看到同學的玩具好玩，就硬要搶過來，要是換成別人搶他玩具，他一定鬧得天翻地覆。老師及爸媽也常告訴他，玩具要大家一起玩，阿德還是什麼都想佔為己有，甚至和同學大吵搶成一團。

孩子為什麼就是不會禮讓別人呢？

年齡才是關鍵

從遊戲的社會型態分析，孩子從小到大會經過六個遊戲階段：無所事事、獨自遊戲、旁觀遊戲、平行遊戲、聯合遊戲、合作遊戲。

在兩至三歲，孩子正處於「旁觀遊戲」與「平行遊戲」的階段，這時孩子對於同伴的行為產生好奇，但是絕大多數是各玩各的。這時孩子面對團體遊戲時，會出現不敢加入而在旁邊觀看一陣，最後才願意進入活動。隨著經驗增加，孩子逐漸熟悉各種不同遊戲後，越來越了解如何和別人一起玩。四歲半之後，孩子進入「合作遊戲」的階段，才會開始真正理解團體遊戲的規則與概念。

在平行遊戲階段時，孩子們可以坐在一起玩玩具，但需要大人幫忙分成兩份，只要各自擁有各自的玩具，孩子們就可以和諧相處。但是如果你故意在其中放了「只有一個」的玩具，哪怕只是一朵塑膠花，也會引發搶奪大戰。大約在四歲半到五歲，孩子才漸漸進入下一個階段，學會如何輪流玩。這是一個漸進的過程，需要大量反覆練習才能學會。

也因此，如果孩子會搶玩具，爸媽不用過度擔心，只要花點時間陪著孩子練習輪流的概念，很快就可以渡過這個階段。要是孩子到六歲以上依然有這樣的困擾，爸媽就要特別注意了，這很可能是孩子需要額外協助的訊號喔！

分享是一種習慣

分享需要練習，而不是與生俱來的。孩子也不是在有弟弟妹妹之後就自然懂得分享。理論上有兄弟姊妹的孩子，在家中會有更多分享與輪流的機會，所以直覺上會認為當哥哥和姊姊的一定比較願意分享。

但臨床觀察上發現，如果在家中過度要求「哥哥要讓弟弟」，反而更容易讓孩子在學校出現搶玩具的行為。孩子不願意分享並非個性不好，而是與過去經驗不佳造成的情況有關。有可能是每次他把玩具借給弟弟，弟弟就把玩具弄壞了，但爸媽又不處罰弟弟，很合理的，孩子自然就打死不願意分享。當「分享」和「失去」劃上等號，孩子很容易出現過度保護物品的反應，甚至會有不適當的負面情緒，進而影響到社交技巧的發展。

分享並不困難，只是我們常會搞錯方向，喜歡拿玩具來當練習的媒介。事實上，對孩子來說，玩具反而最不適合用來練習分享。想想看，當你剛剛買了一輛嶄新的休旅車，光是停在路邊一下，都擔心車子會不小心被刮傷，這時你最好的朋友想要暫借一、兩天，你會不會陷入痛苦的掙扎呢？

孩子的想法和你沒有兩樣，所以要練習分享最好的方式，應該是從日常的小物品開始。最簡單的方式是在每天吃水果、點心的時候，請孩子記得留一些給其他家人，不論是最心愛的媽媽或爸爸。分享是一種習慣，當孩子常常會想到別人，又怎麼會不願意分享呢？

調整自己，改變孩子

分享是一種策略，是為了可以獲得朋友的友誼。正是因為想要交到朋友，孩子才會願意開始學習分享。讓我們試著用三種小活動，幫助孩子改掉搶玩具的習慣吧！

一、兩個盒子

孩子剛進入團體生活，需要學習許多規則，有些甚至是潛規則。孩子雖然腦子記得這些規則，但是離熟練往往還有一段距離。這時大人可以給予孩子一點幫助，協助孩子們「劃分界限」。當孩子們玩在一起，如果是不同玩具都風平浪靜，但只要玩同一種玩具就有衝突，就表示孩子還是在「平行遊戲」的階段。這時只要準備兩個盒子，幫孩子將玩具分成兩份，就可以解決大多數的小摩擦。當孩子學會這個策略後，孩子自然也會先分配玩具，就不用搶別人的玩具了。

二、分配點心

有些孩子佔有慾很強，手上有一堆東西卻捨不得和人分享。這時不建議爸媽使用強迫方式，逼孩子將手上的東西分給別人。爸媽可以試著請孩子當小幫手，把爸媽準備好的禮物分送給親朋好友，關鍵在於這個禮物的所有權在爸媽身上，而不是孩子的。讓孩子先習慣「分」這個動作，等到孩子可以很自然的做到，就可以進入第二階段：將東西給孩子，請孩子分享給別人。透過兩階段的練習，孩子很快就會習慣分享。

三、交換玩具

透過交換玩具的方式，讓孩子有輪流玩的經驗。這時成功的關鍵在於事先的準備。爸媽要幫孩子先找到一位熟練如何輪流的孩子，讓孩子們有正向的經驗，最好是大兩、三歲的小哥哥或小姊姊。千萬不要找霸道的孩子，不然會有反效果。藉由輪流玩的過程，孩子發現即便暫時借給別人，對方等一下也會還回來。當孩子不再擔心玩具會消失或被弄壞，就會願意輪流玩了。

什麼都是自己的、老愛搶玩具的孩子，並不是個性不好，而是社交技巧不成熟，不懂得如何「分享」和「輪流」。孤立和拒絕，才是搶玩具背後真正的原因，幫孩子找到能接納他的朋友，讓孩子更容易融入同儕的遊戲之中，會比你緊盯著他不要搶玩具來得更有效果喔！

02 愛告狀

孩子有情緒，你都怎麼做？

每天接孩子放學時，常常聽到他在抱怨同學做了什麼，回到家和手足一起玩，總是不斷跑來告狀，明明很多都是小事，卻要一直打報告。這個時候，身為家長的你通常如何做？

□冷處理孩子的告狀。

□請孩子自己處理。

□直接照孩子的話介入。

□告訴孩子再這樣告狀就都不要玩。

美美是個能夠遵守規範的孩子，卻老是愛抓別人的小辮子，在學校裡不管大小事都要報告老師，希望老師解決；而在家裡和兄弟姊妹玩一玩就打小報告，希望爸媽處理。究竟孩子為什麼會愛告狀呢？一起來了解孩子的想法吧！

我很努力的乖

四至五歲時，孩子開始在意別人對自己的想法，不再是什麼都只想到自己，他們開始學習遵守團體生活規範。這個時候可能會出現一個小插曲，就是孩子變得愛告狀。

並非孩子愛計較，他只是小心翼翼的不讓自己犯錯，這需要花費許多忍耐與努力。在這樣的努力下，當他看到別人沒有努力而破壞規則，往往會引起負面情緒。首先，孩子會嘗試指證對方錯誤，但是對方依然不願意配合時，就會出現尋求大人協助的行為。此外，這時的孩子常常以自己為基礎來推論別人的能力，因此特別喜歡跟弟弟妹妹計較，認為弟弟妹妹也能這樣做，只是不乖不聽話，所以會不停的向爸媽告狀。

每天不停找別人的問題，容易造成人際互動的困擾。不過爸媽不用過度擔心，愛告狀通常是一個過渡階段，五歲半以後就會漸漸消失了。

不要過度反應

愛告狀是一個過程，孩子這時候常常整天都在說學校裡誰不乖、誰不聽話，好似全班的孩子都不守規矩。在過去孩子多的社會，絕大多數家長都會叫孩子不要亂打小報告，但是現在孩子生得少，每個都是家裡的寶，反倒過度擔心的爸媽變得越來越多。

愛告狀是一個正常的過渡階段，只是有的孩子持續時間長，有的比較短。因此當爸媽聽到孩子回家告狀時，不論事情大小請先平心靜氣，可以從其他管道了解孩子在學校的情況，例如透過其他家長或同學詢問，再做後續處理的判斷。

請不要在沒搞清楚細節、理智下線的情況下，帶著情緒到學校興師問罪，這不只沒幫到孩子，反而幫孩子弄出更多麻煩。一來他可能是表達技巧尚未成熟，無法說清楚事情的來龍去脈；二來孩子可能只是想找話題和你說，不是希望你去搞破壞。請運用大人的睿智，幫孩子找出解決問題的方式，不應該親身示範使用情緒衝動來面對問題。不論事情的大小都一定有可以解決的方式，引導孩子想一想，如何解決比較好。當孩子學會自己解決問題，就不會一直找大人協助，漸漸的就減少告狀的頻率了。

調整自己，改變孩子

愛告狀可能有不同的原因，在處理方式上也不相同。一味的要求孩子「把嘴巴閉起來」，只能收到短暫的效果，甚至還會讓孩子有情緒上的反彈。愛告狀並沒有絕對的處理方式，並且需要爸媽與老師先細心分辨「愛告狀」背後的原因，才能適當幫助到孩子。就讓我們一起來看看孩子愛告狀的常見原因，以及解決的辦法。

一、吸引大人的注意力

在家庭生活中，孩子愛告狀的原因，並非是想要媽媽處罰弟弟或妹妹，反而是想要吸引爸媽的注意力。所以孩子常會希望藉由「突顯手足的錯誤」，來讓爸媽覺得其實自己比較棒、比較乖。也正因這樣的心態，如果爸媽後來責備他，反而會讓他更容易告狀，要求爸媽也要處罰弟弟或妹妹。這種情況下，最好的方式就是「忽略」孩子的告狀，而不是積極處理，以免讓孩子誤以為只要告狀，媽媽就會過來，結果孩子變得越來越愛告狀，更徒增困擾。

二、請求大人主持公道

當孩子與同伴一起玩，衝突出現時，由於孩子「問題解決」與「表達能力」

尚未成熟，只好透過「告狀」的方式來請大人主持公道，協助解決目前的衝突。在沒有安全疑慮的情況下，可以先鼓勵孩子「想想看應該怎麼辦」，給予孩子們一些時間去思考、解決問題。與其大人直接排解紛爭，不如帶著孩子一起想想，碰到這種情況應該如何解決。等到下次孩子再度面臨相同問題，就會知道如何處理，而不會再來告狀了。

三、覺得一點都不公平

在學校生活中，當孩子覺得處罰不公平，就會一直想去證明別人也有相同的錯誤，並且想要藉由告狀來表達抗議。但是因為無法正確分辨「情境」而過度執著於「事件」，所以即使告了狀，老師也不能處理，因為對方並沒有犯錯。比方說，都是跑步撞到人，但是發生在操場或走廊上，結果往往不一樣。此時，越是去忽略孩子，孩子會越愛告狀，就變成了惡性循環。老師可以和孩子約定在下課後聽聽他的想法。先幫助孩子學會察覺「情境」，也可以避免孩子的同儕關係受到傷害。

針對不同特質的孩子，協助的方式也會非常不同，有時「忽略」是最好的方式，但有時卻是最壞的方法。當聽到孩子來告狀時，請多一點耐心，傾聽一下孩子的說法。但不要急著第一時間就介入孩子之間的紛爭，給予孩子們一點時間，讓孩子嘗試如何與同伴「討價還價」，藉由你的引導學會如何恰當的與同學討論、妥協，才是真正幫助到孩子的好方法。

03

只准聽我的！

孩子有情緒，你都怎麼做？

孩子在和其他同伴玩遊戲時，常常要別人配合他，不管是玩法或順序，沒講好就開始吵架或生氣。這個時候，身為家長的你都怎麼做？

□提醒孩子不可以這樣。

□處罰孩子不准他玩。

□直接叫其他孩子順著他。

□幫其他孩子說話及處理。

文文每次和同學玩遊戲都一定要當頭，總是要求別人要照他的規矩玩，有老師在的時候還好，但是如果大人不在旁邊，常常還沒有開始玩就先和同學吵架，誰也不讓誰。孩子那麼霸道，真的讓爸媽覺得很尷尬，很擔心沒人願意跟他一起玩。究竟要如何讓孩子不要那麼「鴨霸」呢？

權力是一種慾望

隨著孩子開始進入團體，學習如何遵守各種大小規範，在中班至大班期間，孩子對於「定規則」這件事產生濃厚的興趣。這時他們喜歡模仿老師，訂規則讓弟弟或妹妹來配合。

在權力慾的驅使下，孩子突然變得喜歡控制別人，要求別人都要聽自己的話。在玩遊戲時，常可看到孩子彼此爭奪遊戲的掌控權，因此發生爭執。這時的孩子特別喜歡創造新遊戲，「改變」遊戲規則，讓他覺得自己可以「控制」整個遊戲。這個偉大的發現會讓他興奮不已，但也是另一個衝突的開始。

對許多爸媽而言，改變遊戲規則這件事並不是一種創造，而是在搞破壞、不配合，但讓我們從另一個角度來看看。孩子這時組織計畫的能力還不成熟，無法一次就將遊戲設計得完美無缺，所以需要不停調整、修改規則。這個過程並非孩子在找麻煩，而是在學習如何設計遊戲。

在一群孩子中，誰的遊戲最好玩，往往就會是群體中的孩子王。孩子其實是在練習如何在團體中獲得歸屬感和成就感。

關鍵問題是對象

隨著權力慾的出現，孩子希望在團體中得到矚目，獲得同儕認同，這也是領導能力的萌芽階段。因為需要別人配合自己，孩子突然之間變得更愛說話，語言表達的能力突然快速提升。

這應該是件很好的事，只是爸媽需要記得一個關鍵，才不會讓好事變成壞事，那就是「孩子可以控制同學，但千萬不可以控制爸媽」。關鍵不在於孩子控制慾望強不強，而是控制的對象是誰。

隨著孩子長大，開始察覺到「權力」這件事，爸媽就應該放下呵護孩子、亦步亦趨的心，鼓起勇氣讓孩子融入群體生活，上幼兒園就是最普遍與常見的方式。請不要凡事順著孩子的想法或百分之兩百的配合他，不然到最後只會是一場悲劇。

想想看，當孩子錯誤理解爸媽的善意，認定自己在家中的「社會位階」高於爸媽，頻繁在家中上演「權力爭奪」的戲碼，當孩子小的時候我們都能包容，等到長大後養成習慣，往往會演變成災難。難道說孩子不想寫作業，真的要順著他不用寫嗎？

在四歲時過度順從孩子，如果不巧孩子在兩歲時「第一反抗期」也沒出現，兩者相加就更難解決。孩子會像是「雙面人」一樣，在學校裡人見人愛，是超級乖巧的好寶寶，但是在家裡卻變成超愛鬧脾氣的小霸王，凡事都要經過他的同意才算數。

孩子並不是脾氣大、個性不好，而是希望自己可以在群體中佔有一席之地，展現自己的權力。孩子需要的不是爸媽的順從，而是教導他們規範；孩子需要的不是壓抑，而是培養組織能力與說話技巧。過去我們常叫孩子們聽話就好，不可以表達意見，但這樣會反倒扼殺了孩子萌芽的領導能力。

調整自己，改變孩子

爸媽要做的，不是當孩子「最好的朋友」，而是鼓勵孩子去認識更多的朋友。孩子跟朋友在遊戲中，需要在堅持與妥協中找到平衡，才能不斷修正，並漸漸學會人際互動的技巧。

沒有朋友的孩子，才是最霸道的。因為不用去擔心朋友的感受，又哪裡需要妥協呢？就讓我們一起來學習如何引導孩子改變，讓「控制慾」升級成「領導力」吧。

一、創造示範機會

在活動時鼓勵孩子示範，往往是一個好方式。在團體活動中，安排孩子排在前三個，增加孩子上台示範的機會。透過示範給同學看的過程，讓孩子在團體矚目的慾望上能獲得滿足，但又不會因為社交技巧不足而得罪別人。在臨床上，許多霸道的孩子，其實是害羞且害怕上台，因為無法從合宜的方式獲得別人的關注，才導致在自由遊戲中出現破壞規則的行為。提供協助讓孩子勇於示範，比起你處處不要他那麼霸道還更有效果喔！

二、給予一個角色

讓孩子當小老師或小幫手。給予孩子一個「角色」，並且賦予這角色正面的功能。不是單單命令他不可以做什麼，而是告訴他如何幫助別人。透過從角色來出發，如同在辦家家酒一般，更能說服孩子改變自己的行為，而不會讓孩子覺得受到責備而抗拒。當孩子可以從協助別人的過程中，獲得權力慾的滿足後，就不會一直想要命令別人。

三、說明遊戲規則

霸道的情境，常常是孩子說：「我明明有說，但是他們不乖、都不聽……」進而引起情緒起伏，甚至動手打人。這有時並非真的是情緒問題，也有可能是語言表達上的困難。

在臨床上常碰到孩子不是不會說，而是太會說，但是用字遣詞太難太深，同齡孩子根本聽不懂，因此引發不必要的誤會和爭執。爸媽這時可以引導孩子用孩子的話來說，用最簡潔的方式解釋遊戲規則，就可以很神奇的解決問題了。

先不要急著認定孩子就是霸道，我們需要做的其實是幫孩子創造適當機會，讓孩子和朋友們練習如何有效溝通和領導他人。當孩子在同儕中可以獲得權力慾的滿足，就沒必要在家裡鬧脾氣，處處要家中的大人配合他了。

04

他不是我朋友了

孩子有情緒，你都怎麼做？

孩子常常會回家分享在學校和哪個同學是好朋友，但是過個幾天就又很生氣或難過的說和誰已經不是好朋友了。這個時候，身為家長的你通常會怎麼做？

- □鼓勵孩子去交其他新朋友。
- □跟孩子說沒關係，一個人玩也很好。
- □不特別處理，反正孩子們常常這樣，沒幾天又會和好。
- □安慰孩子，並跟孩子說明天分東西給他就好。

阿銘常要爸媽準備糖果或餅乾讓他帶到學校給同學吃，希望拉攏同學成為好朋友。看到別人跟自己認為的朋友一起玩時會沮喪，也很在意朋友的想法，常常因為朋友的一句話就很開心；但又會因為朋友無心的話，讓他心裡難過，不想再跟他做朋友。

孩子經常這樣患得患失，真是讓爸媽很傷腦筋。到底該如何幫助孩子呢？

第一個好朋友

在幼兒園中班，孩子最重要的目標，是找到人生中第一個好朋友。好朋友和兄弟姊妹不同，家人不論你怎麼兇，都不會拋棄你，但是朋友就不一樣了，如果你表現不好，他隨時可能落跑。不論家人如何重要，但是想在團體生活中存活下來，朋友是絕對必要的。

不是人多就會覺得有安全感，在一群人中，我們往往更害怕孤單。沒有人希望自己在團體中落單，有如被孤立一般讓人難以忍受。孩子們也是如此，在幼兒園裡，孩子往往會自己一個一個配對成一組，那就是我們所說的「好朋友」。

「好朋友」是有權利和義務的，權利指的是我有好的會跟他分享，義務則是，當我落單時他要來陪我，不論他手邊有什麼事。我們常常聽到孩子說好朋友是誰，但突然某天又很傷心的說誰才不是他的好朋友。這往往不是對方做錯了什麼事，而是孩子落單時，好朋友竟然沒有來陪伴，還繼續跟別人一起玩。

擔心好朋友不喜歡自己，其實是因為害怕失去並擔心落單而出現的恐懼。在需要分組或遊戲時，會比教學課程更常出現這種狀況。此外，研究顯示這類問題，小女生比小男生更容易出現，因為小女生擅長察覺表情的細微變化。

這是非常普遍的發展歷程，當孩子跟第一個好朋友建立良好的長期關係，隨著人際互動技巧的提升，可以交到更多新的好朋友後，就不會患得患失的在意他人的想法了。

不要說朋友不重要

沒有固定的「好朋友」，孩子在群體中就會顯得疏離，無法融入。所以請不要安慰孩子說：「沒朋友也沒關係。」孩子只會覺得你根本不懂，而關上耳朵什麼都聽不進去。

擔心自已被孤立或落單，其實是一種恐懼，甚至會讓孩子不喜歡上學，所以請不要小看這件事。朋友就像大學文憑一樣，當你有了之後才可以大聲說這個一點也不重要。特別是現在的學校生活，越來越不重視考試卷上的成績，在乎的是孩子的學習素養；在教學上，分組討論的比例更是大量增加，沒有朋友的壓力怎麼會不大呢？

關鍵不在孩子朋友人數的多少，而是有沒有固定的好朋友。如果每個星期都在換好朋友，即便孩子表面上擁有很多朋友，爸媽也要注意孩子的社交技巧。

另一種常見的問題是，如果孩子的好朋友有問題怎麼辦？這才是孩子沒說出來的話。有些孩子個性比較溫和，不擅長主動認識新朋友，但因為個性太好、來者不拒，結果好的沒挑到，來的卻不適合，常常一直委屈求全，很想拒絕卻又怕落單，每天心裡都在拔河比賽，當然情緒就容易起伏不定。

如果孩子發生這種情況，爸媽就需要適時提供協助，而不是等待孩子自己去解決。

調整自己，改變孩子

孩子的第一個朋友，很多時候是靠爸媽的安排。只是和過去不同，以前的我們常是在爸媽的協助下認識鄰居的孩子，因為都是熟人，每個孩子的個性爸媽都很熟悉，碰到問題時就很容易協助孩子建立長期的人際關係。但現在社會環境改變，帶法也要改變。我們可以用底下三個方式來協助孩子交朋友。

一、額外碰面

孩子常用一種方式來認定「好朋友」，也就是他跟其他人不一樣。我們可以運用這個特質，讓孩子們在學校之外還有碰面的機會，不論是一起上才藝課、一起出遊……。透過精心設計的安排，創造孩子之間擁有共同的記憶。藉由只有兩個人知道，感覺起來好像他比較懂我，孩子們自然比較容易玩在一起。

二、**不請長假**

好朋友通常是一對一的配對，如果有一個消失了，另一個人就落單了。如果孩子的社交技巧比較弱，請爸媽務必避免「請長假」，不然孩子回到學校一看，好朋友已經跟別人一起玩，肯定又感到心裡受傷。但這也不能怪朋友，因為他一直都孤零零的，只能找別人玩，不是嗎？在上學期間，如果請假超過七天以上就必須注意囉！爸媽也不用過度擔心寒暑假放那麼久會不會有問題，因為在開學時，所有人的好朋友常會大洗牌！

三、**指派分組**

跟自己在一起的，就是好朋友。當老師說分組時，常常會讓孩子緊張，擔心沒人選自己，光是等待就足以殺死許多腦細胞。因此減少分組頻率或直接指定活動，確實可以減緩孩子情緒波動。只是在團體中，老師無法一次照顧到全部的孩子，分成小組教學往往無法避免，這時使用固定小組成員的方式，也可以有效減緩孩子過度在意朋友的情況。

爸媽要經常傾聽孩子的聲音，但不是要當孩子最好的朋友。當在家裡就有好朋友了，孩子為何要冒著被拒絕的風險去認識新朋友呢？放下我們過度保護的心，孩子才能邁開步伐去冒險喔！

05 見不得別人好

孩子有情緒，你都怎麼做？

當班上同學帶新玩具來分享時，孩子明明就很想玩，卻常常說：「那個玩具很爛！」「我的更厲害。」搞得同學不開心，自己玩不到別人的新玩具也傷心。這個時候，身為家長的你會如何？

- □請他跟別人道歉。
- □指責他這樣做很沒有禮貌。
- □直接拆穿他其實很想要玩。
- □幫他跟同學道歉並借玩具。

小逸的考試成績及能力不差，但只要看到同學考卷上的成績比他好，就會在上面偷畫兩筆，或是在背後講壞話。在餐會中明明很開心，但是只要媽媽一稱讚別的孩子，都會觸動他悶悶不樂的開關，並開始鬧彆扭或發脾氣。明明在家裡最受疼愛，為什麼還是那麼愛嫉妒呢？需要協助孩子改變嗎？

嫉妒，是不甘心

嫉妒是由於不甘心，是因為不甘心輸人而引發的情緒。

莎士比亞曾經說過：「嫉妒是綠眼妖魔，誰做了它的俘虜，誰就要受到愚弄。」也因此，嫉妒對成人來說是一件可怕的事，嫉妒使人對他人的幸福感到痛苦，對他人的災殃感到快樂。因此爸媽往往對孩子的嫉妒感到深深的擔憂。

但從兒童發展的觀點來看，嫉妒其實沒有那麼可怕，甚至是如同天性一般的存在。心理學家研究指出，小嬰兒在三個月大時，如果在他前面讓母親抱起另一個嬰兒餵奶，就會引發他臉部泛紅、呼吸加速、蹬腳的動作出現。換句話說，這可以算是小嬰兒維持生存必要的技能之一。

嫉妒是一種原始的自然感情，在人生的不同階段以不同形式呈現。在三個月大時，就開始有嫉妒的心理，十六個月大會出現嫉妒的表情，十八個月大因嫉妒而誘發出外在行為。而在四、五歲時，嫉妒更為頻繁，學者推論這時和其他孩子比較的機會增加有關，然而卻沒有足夠的技巧來「掩飾」自己的情緒。這段尷尬的時期會持續到十歲左右，不段反反覆覆出現。

只是有一點和我們設想的不同，並非女生才愛嫉妒。研究顯示男生和女生嫉妒的頻率差不多，只是男生更容易因為嫉妒誘發生氣，反倒不容易被察覺。

嫉妒來自於不服輸的心。因為不甘心、不服輸而誘發出負面情緒，甚至是自我處罰。不服輸並不是問題，甚至是人們創造成就的動機之一。想想看，如果孩子因為不想輸人而拚命改變自己，又有什麼不好呢？但是嫉妒最大的困境在於，它會使我們過度在意別人的成就，而忽略察覺自己的真實表現，而形成將自己的情緒控制權交給別人的窘境。

克服嫉妒心，不是要給予更多關心，而是讓孩子學會關心自己，讓自己變得更有硬實力，並且能為別人的成功而熱烈喝采。

關愛，不只在家中

嫉妒，一開始來自於關愛的爭奪，特別是來自於媽媽。母愛是天底下最偉大的事，但請千萬別對孩子說：「只有媽媽最愛你。」那無疑是在強化孩子對於關愛的爭奪不是嗎？甚至會讓孩子擔憂失去關愛。

現今小家庭的生活形式，讓養育孩子的責任完全交由一對夫妻承擔。但從人類生活的歷史長流中，這樣「獨自養育」反而是一件新鮮事，其實人類更習慣於「共同養育」。

人類的小嬰兒非常脆弱，與其他動物相比需要更長的成熟時間，單獨由一對父母養育其實是非常大的負擔。即使爸媽的關愛無窮，但精力卻十分有限，累了也就沒辦法再付出了。「關愛」如同是一種缺稀的戰略資源，先搶先贏才是最重要的關鍵，也難怪孩子們如此愛計較、好嫉妒。

相對來說，孩子更適合由一群父母合起來帶，可以讓孩子感受到即使沒有血緣關係，也有人會對自己好。人們正是從這樣的過程中，透過模仿而學會幫助毫無關係的人，這也正是「利他主義」出現的關鍵。當愛是可以擴大、增加的，孩子哪有必要浪費精力在爭搶與嫉妒上呢？

你要做的不是宅在家裡，拚命榨乾自己的給予，希望滿足孩子的全部，以免孩子出現嫉妒心。你應該是要找到一些育兒好幫手。我們常看到當孩子找到一個愛他的老師時，與手足之間的嫉妒心也就莫名其妙的消失了。

找一些志同道合的朋友一起出遊、一起照顧孩子，你將會發現許多意外的收穫喔！

調整自己，改變孩子

一、找到興趣

引導孩子找到自己的興趣。不論是靜態的畫圖、勞作，或是動態的跳舞、體操。透過讓孩子知道自己的興趣在哪裡，幫助孩子將重心放在自己身上，而不是一直注意別人。嫉妒，是在自卑中萌芽，在悔恨中茁壯。讓孩子清楚知道自己的優點在那裡，隨著自信心增加，就可以脫離負面情緒的糾纏。

二、學會照顧他人

讓孩子有機會去照顧別人。不論是幫忙陪小弟弟或小妹妹，或是領養一隻小寵物，都是不錯的練習。從照顧別人的過程中，讓孩子學會給予與付出，並且從中獲得成就感。當孩子覺得自己是有權力的，自然更容易奠定自信心。這時請爸媽要特別注意，在選擇被照顧的對象時，必須避開兩歲左右的孩子，此時他們正在「第一反抗期」，所以特別難照顧喔！

三、學會挑戰

將不甘心的情緒，轉換成挑戰困難的目標。嫉妒來自於不服輸的心，只是方式錯誤。因為不服輸卻又恐懼失敗，只好躲在自大的假面之後，偷偷說別人的閒話。請讓孩子鼓起勇氣，正面迎接挑戰，這才是改變孩子想法的策略。孩子很難自己找出努力的目標，因此更需要爸媽協助尋找，並幫孩子找出可行的策略來改變自己。帶著孩子玩一些有競爭性的遊戲，像是撲克牌、象棋等等，都是不錯的練習。

面對容易嫉妒的孩子時，請記得關心孩子感受。當你在稱讚別的孩子時，請別忘了也要稱讚一下自己的孩子。透過這個小小的動作，也就可以幫孩子解決許多小小的情緒波動喔！

06

就是愛頂嘴

孩子有情緒，你都怎麼做？

外出時，孩子總是耐不住好奇心到處東摸西摸或東奔西跑，好說歹說都沒用，還會回嘴說「又不會怎樣」、「我又沒怎樣」，搞得明明是開心出遊，結果一路都在吵架。這個時候，身為家長的你會如何做？

□跟孩子鬥氣，不跟他說話。
□算了，在外面大小聲很不好意思。
□給孩子喜歡的東西，希望他配合。
□處罰孩子或剝奪他喜歡的東西。

小瑜最近不管什麼事都愛頂嘴，常常爸媽說他一句就回三句，甚至把「我為什麼要聽你的！」變成口頭禪，讓爸媽快氣炸了！愛頂嘴到底是不是壞事？是因為孩子太有主見，還是只想要惹大人生氣？

從「心智理論」角度來看，孩子在四歲多開始「分辨自己和他人的想法」。孩子開始了解自己有能力操控別人的感受及行為，而在控制別人中覺得自己更有權力。

頂嘴不全是壞事

這時孩子會出現「頂嘴」的問題，希望透過語言來控制別人。只是語言表達能力好，我們稱為「領導力」；而語言表達技巧差，雖然也是在表達自己的想法，卻看起來更像是愛頂嘴、好爭吵。

頂嘴不全是壞事，因為有兩種不同的原因：一種是辯解，一種是爭權。兩者的外在行為非常相似，但是動機卻完全不同，處理上當然也不一樣。

「辯解」多是在犯錯或被責備時出現。孩子因為無法承認失敗，找各種理由來保護自己，常常說「我沒有……」或「明明是……」，根本原因是輸不起。這時爸媽不用太擔心，通常在五歲半隨著挫折忍受度成熟，這狀況會漸漸消失。過度強烈的責備，會讓孩子變得害怕失敗，日後可能對新事物產生抗拒。

而「爭權」則是把家庭當作一場擂台賽。不論大人說什麼都要唱反調，僅僅是為了反對而反對，並從中得到控制別人的愉悅。這時的孩子甚至會嘻皮笑臉的回嘴，沒有任何情緒，而是在等待你的反應。根本的原因其實是在爭奪權力，孩子希望可以控制家人，而不是想惹爸媽生氣（至少他是這樣想的，但通常爸媽會更生氣）。在爺爺奶奶太寵孫子，卻又嚴厲對待自己的兒女時，更容易出現這樣的情況。

頂嘴如果屬於後者，爸媽就要盡早調整，以免日後孩子在社會技巧上出現困擾喔！

不要當豬隊友

孩子藉由頂嘴、不配合的舉動來控制大人，在家中找到自己的社會位階，看看自己在家裡可以控制哪些人，又有哪些人可以控制自己，在反覆的嘗試與回饋中，了解自己的社會位階。

解決這個問題的方式，並不是嚴格或寬鬆的問題，而是要「善待媽媽」，不要當豬隊友。在教養態度上，夫妻之間因為來自不同家庭，對生活細節在意的地方也會有細微差異。不論教養態度上的差異如何，根本都是為孩子好，不論彼此理念是否相同，也請彼此尊重。溝通是絕對必須的，但請在私下溝通，而不是當著孩子的面。

當夫妻的其中一方在處理時，另一人突然介入，不也是另一種形式的權力爭奪。在孩子面前爭執，就是在示範如何爭搶權力，孩子當然也就功力大增、更會頂嘴了。在維繫婚姻關係上，溝通與爭執不能避免，甚至非常重要。漠不關心的婚姻關係其實更難維持。但我們可以做到的是，不要在孩子面前爭執。

希望孩子不要愛頂嘴，換另一句來說，就是要他學會「尊重媽媽」。頂嘴，不是靠責備來壓抑，而是示範尊重給孩子看。做面子給你的另一半，不要說風涼話，才是最重要的關鍵。孩子為什麼越來越難帶，關鍵的原因是我們對孩子過度尊重，卻又愛數落我們的另一半。當孩子認定自己的地位比媽媽或爸爸高，又為何會想要打開耳朵聽呢？

請不要怒氣沖沖的斥責孩子，也不用低聲下氣的安撫孩子，而是從展現你對家人的尊重開始，讓孩子耳濡目染的學會。當孩子佩服爸媽時，又怎麼會喜歡頂嘴呢？

調整自己，改變孩子

不要當豬隊友，尊重你的另一半，才是改變孩子的關鍵。此外，對於喜歡頂嘴的孩子，建議有三個活動可以讓孩子參與。

一、烹飪活動

現在生活多是外食為主，廚房對很多人來說是半個裝飾品。但對於什麼都有意見、過度自我主張的孩子來說，最好的活動就是「烹飪」。以做蛋糕為例，蛋糕的材料就是麵粉、蛋和糖，但是一定要依照固定的步驟或比例，只要差一點點，蛋糕馬上變發糕。透過帶孩子做蛋糕、餅乾、鬆餅的過程，讓孩子學會打開耳朵，學會配合，自然也就會忘記頂嘴。

二、陪著看電視

電視遙控器是家裡地位的象徵，誰掌握遙控器也就代表佔領客廳。你家的遙控器在誰的手上呢？請陪著孩子一起看電視，把控制權拿回自己手中。我們都知道電影有分級制度，如果年齡不到，限制級或輔導級的電影就不能看。但你知道卡通也有分級嗎？很多愛頂嘴的孩子，一開始不是頂嘴，而是聽到什麼說什麼，結果就被爸媽誤會了。請跟著孩子一起看電視，了解孩子究竟看了些什麼，你可能會發現孩子只是在模仿其中一個卡通人物而已，而不是個性有問題。

三、工作親子日

過去的職業常常是父傳子，一代傳一代，孩子從小到大看著爸媽如何工作。現在分工太細也太複雜，有時就算我們要和親戚朋友說明自己的工作，常常解釋半天也說不清，當然孩子更無法理解。試著引導孩子了解爸媽平常在忙碌什麼，工作有什麼重要性。透過「工作親子日」幫助孩子了解爸媽的工作內容，讓孩子從內心覺得爸媽好厲害、好令人佩服。當孩子期望自己要和爸媽一樣，模仿你都來不及，又怎麼會跟你頂嘴呢？

面對愛頂嘴的孩子，千萬不要對孩子說氣話。不論是「你的耳朵長在哪裡」或「你說什麼都沒用」，那只是將彼此的距離推得更遠而已。試著和孩子這樣說：「你想好了再和我說。」讓彼此都有冷靜的空間，反而會更有效果喔！

第六部

自我控制

「自我控制」是指能忍耐自我當下的慾望。但要學會自我控制並不是靠爸媽的安慰，而是藉由爸媽耐心的等待，讓孩子知道如何平靜自己的情緒衝動。

自我控制力的發展

隨著團體經驗的增加，孩子進入基本人格形成的最後一個階段，也就是「自我控制」。一年前還在吵什麼都「馬上要」的小孩，突然之間學會了忍耐一下，而不是整天吵吵鬧鬧。但是和爸媽想像的不一樣，這時候孩子最需要的不是溫柔的安慰，而是爸媽有耐心的「等待」。

讓我們從一個著名的心理學實驗「棉花糖實驗」說起。心理學家在一間安靜的房間裡讓孩子在椅子上坐好。桌上有一個盤子。心理學家從口袋拿出一顆棉花糖放在盤子上，接著對孩子說：「如果我回來時你沒有吃掉，我會再給你一顆棉花糖。」然後心理學家就離開房間。透過攝影機，他觀察這孩子是否可以忍住想吃糖的衝動，或抑制慾望來獲得更高的獎勵。

這個看似單純的實驗，在經過二十年持續追蹤下，卻發現一個驚人的結論。在兒童早期，越能控制自己慾望的孩子，在日後長大成人，不論是工作成就、人際關係、責任感都明顯優於同齡。想一想這也很合理，當一個人可以控制自己的慾望，不容易受情緒干擾，自然在社交互動上就佔了優勢。

將自己的慾望延遲，不受到慾望驅使，也是「自我控制」的一種。當然不只是吃糖，更包括看電視、玩玩具、想要贏……等，都是不同形式的慾望。只是和我們原先想像的不同，「自我控制」不只單靠忍耐，而是可以有技巧的運用策略來轉移注意力、抽象化目標物、冷靜聚焦……等，讓自己可以擺脫誘惑的控制。

當面對誘惑物時，最好的策略是遠離，而不是眼睛一直盯著看。這時「想像力」在轉移注意力上，也扮演了非常重要的角色。透過研究數據發現，成功通過測驗的孩子，絕大多數都會在腦中想像一些有趣的事，幫助自己的心思脫離眼前的棉花糖，進而控制自己的慾望。相反的，越是在嘴巴裡複誦：「不可以吃棉花糖、不可以……」反而撐不過三分鐘。

想想看，平常爸媽的善良「提醒」，有時也無法幫孩子脫離誘惑，反而一直在幫倒忙，不是嗎？五、六歲是「自我控制」發展的關鍵時期，我們需要做的是給予孩子自己的時間，讓他們有機會練習。相反的，如果二十四小時黏在一起，或一直在旁邊耳提面命，那可不是在幫助孩子練習「自我控制」，而是在給予「外在控制」了。

隨著生活技能變得越來越複雜，一種技能不再是一天、兩天就能學會，而是需要持續很長的一段時間。如果孩子沒有辦法堅持，就很容易半途而廢，即使再有才華也無法盡情展現。

01

哭個不停

孩子有情緒，你都怎麼做？

孩子只要一被大人唸就開始掉眼淚，像壞掉的水龍頭一樣停不下來。不管發生什麼事都先哭了再說，非常的玻璃心。這個時候，身為家長的你通常怎麼做？

□跟他說等哭完再說。

□一直安慰孩子不要哭。

□請他立刻停下來，用哭的聽不懂。

□不理會孩子哭，繼續處理原本的事情。

宣宣只要做錯事，被媽媽一責備就不斷落淚，怎麼都沒辦法停止，甚至被大人稍微提醒一下，或者覺得自己沒做好，都是先哭再說。安慰他還越哭越大聲，怎麼說都停不下來。在家裡也就算了，但在學校也是如此。究竟孩子為什麼老是哭不停？就不能好好用說的嗎？

哭，是壓力的釋放

哭，不一定是膽小，也不是一種壞事。哭，甚至是一種本能。嬰兒一出生就會哭，沒有一個例外。為什麼人類要哭呢？哭又有什麼特殊的功能？

哭泣是一種內在調整的過程。當外在壓力超過大腦神經系統可以承擔時，透過哭的動作可以宣洩過多壓力，來穩定神經系統的運作。換句話說，哭是一種「保護機轉」，防止我們的大腦受到不當壓力的傷害。

相信你一定有這樣的經驗，在使用電腦時，一不注意同時執行太多程式，結果前一秒才按下滑鼠，下一秒螢幕整個卡住不動。不論如何搖晃滑鼠，螢幕上的游標一動也不動，整個當機。這時你也只能按下Alt+Ctrl+Delete，先關掉佔據太多資源的程式。

在大腦中，哭泣也是扮演相同的功能。你看小小孩是不是常常一哭完馬上就睡著了，因為大腦中的程式已經關機。因此，我們必須知道「哭」是有用途的，而不是一般人想的負面的壞情緒。

即便成人不也是如此嗎？工作與生活的雙重壓迫下，我們承擔許多壓力，這時很多人特別愛追劇，讓自己的心情隨劇情起伏，哭得唏哩嘩啦。明明就壓力大，還讓自己難過做什麼？其實，在「流淚」的過程中，也同時在丟掉一些心中的壓力與不滿。

適時的大哭一場，其實也是一種心理調適的策略喔！

關鍵在於年齡

哭不是壞事，只是在不同年齡，我們處理的方式不一樣。

四歲之前，孩子的環境適應能力尚未成熟，碰到一點點小事情就會被嚇到，因此很容易哭泣。這時爸媽首要的工作不是多刺激孩子，幫孩子訓練勇氣，這樣可能會讓孩子變得更容易緊張或鬧情緒。應該要幫孩子規劃好環境，減少情緒波動的頻率。一台電腦如果每天當機四、五次，哪有什麼工作效率呢？這樣也會影響到孩子在認知與社交上的發展。

五歲以後，孩子開始進入另一個階段，學習如何「自我控制」。這時爸媽必須漸漸減少保護，慢慢放手讓孩子迎接挑戰。只有當爸媽放手，孩子才能學會哭泣後如何安慰自己受傷的情緒。當我們仔細觀察孩子的轉變，你可以發現「自我控制」是一個學習的歷程，而不是一步到位。

五歲的孩子受到責備時，常會跑到房間躲起來，把自己塞在被窩裡哭，不想讓別人看，大約五到十分鐘才能恢復平靜；有時甚至沒辦法自己停下來，需要爸媽進去安慰一下。漸漸的，當孩子被責備後會離開你面前，到旁邊的小角落躲一陣子，等到心情平靜再假裝什麼也沒有發生的走回來。

一直到七歲左右，當你責備孩子時，他才可以真正站在你前面一邊聽你訓話，一邊低頭啜泣。在這個過程中，關鍵不在於孩子，而是在爸媽身上。我們有沒有預留一些時間給孩子，讓他在難過時可以自己試著平靜情緒？還是只要孩子眼睛一泛淚光，立刻就去安慰孩子呢？

當我們不停安慰孩子時，孩子又哪裡有機會學會自我控制？其實，忍耐不去安慰孩子，對於爸媽來說才是最難的吧。

調整自己，改變孩子

對於老是哭不停的孩子，最需要的不是安慰和鼓勵。我們可以使用三個小技巧來幫助孩子看看。

一、承諾不處罰

當孩子犯錯時，因為擔心會被處罰，常常先哭再說。協助孩子的第一步，就是「承諾」不會處罰。這個策略可以達到兩個目的，一是降低當下的壓力，二來讓孩子懂得原諒。讓孩子知道，犯錯最重要的是改正，做錯了只要改就可以。當孩子有「被原諒」的經驗，孩子才會學會原諒別人，不覺得這也是很棒的一件事嗎？不要兇得要命一直把孩子罵哭，一哭又拚命去安慰孩子，那麼孩子學會的不是對錯，而是「眼淚萬歲」，反而越來越哭不停。

二、挫折忍受度

五歲以上的孩子，可以透過棋類遊戲來培養孩子對失敗的抗壓性。但是挫折忍受度的練習，並不是讓孩子一直輸，那只會讓孩子拒絕去玩。試著有技巧的讓孩子在遊戲中的名次落在第一、第二之間，但不要掉到最後一名。讓孩子看到別人即使最後一名，也不會鬧脾氣，這才是最重要的方法。此外，我最推薦的是「大富翁」遊戲，因為其中有「機會」和「命運」，讓孩子了解有時候好壞和實力無關，單單就是運氣不好而已，這對孩子也是很有幫助的。

三、有難度運動

鼓勵孩子勇敢、不要哭，不如讓孩子覺得自己很厲害。有自信心作為後盾，孩子才更能抵抗挫折的打擊。厲害是很抽象的，不論你如何舉例，孩子也不一定真正相信。不如讓孩子練習一些對他來說有困難度的運動試試。孩子從不會靠牆倒立，只能在一旁羨慕別人，到練習後可以自己撐起雙臂倒立，還持續兩秒鐘。雖然成功只有短短一剎那，但是成就感卻是永恆，遠比鼓勵還有用百倍。此外，運動時大腦會分泌腦內啡等激素，也可以有效降低壓力水平，間接達到幫助孩子穩定情緒的作用喔！

感情豐富的孩子，也許比較容易多愁善感，常不小心流下眼淚。但換個角度來看，這樣的孩子或許更能察覺別人的感受，說不一定反而是另一種天賦喔。

02

不喜歡等待

孩子有情緒，你都怎麼做？

每次帶孩子去買東西，請他等一下卻總是站不住，一直問說「好了沒？」，等不下去就當場發脾氣，大吼大叫說等超久了。這個時候，身為家長的你會怎麼做？

□直接搬出處罰條款警告孩子。
□不理會孩子，迅速買完快點離開。
□一直提醒孩子再等一下就好。
□買個小零嘴或玩具讓孩子可以安靜等待。

翔翔很沒耐心，要他等一下都有困難，常常抱怨好慢、好無聊。每次要大人買的東西，一定要馬上拿到手，一點時間也不願意等。帶他出門時，常常不喜歡排隊，等不到多久就開始發脾氣、跺腳，真的讓爸媽很尷尬。為什麼孩子會這麼沒耐心呢？

大腦內的煞車

人類的大腦非常複雜神祕，直到今日科學家還在探索這個人體內的小宇宙。目前的神經影像研究證實，人類在執行日常生活時，需要兩個系統交互作用，一個是油門，有慾望驅動我們去做；另一個是煞車，靠理智抑制我們的衝動。

前者是屬於原始的情緒張力，由「邊緣系統」所控制。優勢是直覺反應快速，看到一件事就會立即驅動我們去做，不需要思考。

後者則是高階的「抑制系統」，在大腦皮質的前額葉部分。優勢是三思而後行，透過理智思考後，再選出最佳的決定。換句話說，有點類似煞車的功能，避免因為衝動而做出讓自己後悔的決定。

但是人畢竟不像剛剛出廠的新車，事先已經安裝好油門和煞車。人類大腦的前額葉成熟速度較慢，一直要到十四歲才會完全成熟。正因此，孩子們常常會等不及、衝動，甚至做出讓自己容易後悔的事。

發展需要配合年齡，孩子的耐心在四歲開始萌芽，五、六歲更是發展的關鍵，千萬不要錯過這個時期。不然，等到十歲才想開始培養，可就很不容易了。

保持安全距離

如果你有一輛千萬名車，安裝一個超級引擎，只要輕輕一踩，五秒內就能加速到一百公里。但是有一個缺點是煞車系統沒辦法跟上，無法讓高速的車子立即停下來。這時，保持安全距離就是最佳的行車策略。

心理學家在棉花糖實驗中，發現可以成功等待而獲得獎勵的孩子們有一個共同點，就是讓自己盡量「不看到」棉花糖。有的是將盤子推到桌邊，有的是轉身側坐面向牆壁，有的是摀著耳朵唱歌，也有的是跟自己的手指說話，五花八門的方法各顯神通。其實，他們做的都是同一件事，就是讓自己遠離誘惑，幫助自己可以通過考驗。相反的，在實驗的過程中，眼睛盯著棉花糖的孩子，等待的時間平均只有前者的四分之一。心理學家後來又修正了一次實驗，將棉花糖用另一個盤子蓋住，讓孩子暫時看不到，結果發現所有孩子等待的時間都延長了。

但很多時候，我們常常是耐著性子跟孩子一起蹲在誘惑物前面，嘴裡又不斷詢問孩子的感覺。那不是在幫孩子忍耐，而是不斷提醒孩子的慾望，不是嗎？所以，不論是讓孩子在物理上遠離誘惑物，或從心理上轉移他的注意力，都是很好的策略。

千萬不要一直提醒孩子，更不要用沒有錢來當藉口，對於孩子培養耐心並沒有幫助喔！教孩子在忍耐的時候可以唱一首歌、想件好玩的事、觀察一下哪裡怪怪的，透過一些小技巧幫自己轉移注意力，反而可以等更久。

不要凡事順著孩子，或盡量滿足孩子的慾望。想想看，如果孩子只會踩油門而不會控制煞車，你敢讓他開車上路嗎？我想答案肯定是不會吧。

調整自己，改變孩子

在引導孩子之前，有一個最基本的原則，耐心可以從簡單的先開始練習。有時越想等待反而越難等，對大人或孩子來說都是如此。請先從簡單的開始練習，讓孩子有成功的經驗，才會願意配合繼續練習。此外，爸媽還可以搭配下面三個小活動，來幫助孩子培養出耐心。

一、木頭人

「一、二、三，木頭人！」相信你一定玩過這個遊戲。一來要用最快的速度走到對面，二來當鬼回頭時又要保持不動，要快又不能急，這就是最好的抑制衝動練習。孩子很多時候不是因為聽了道理而變乖，而是在生活經驗中自己整理出道理來。放下我們大人的架子，好好回想一下小時候，我們不也就是這樣長大的。抽空帶著孩子玩木頭人、心臟病、大風吹等遊戲，都是很好的方式喔！

二、今天星期幾？

四歲的孩子可以理解昨天、今天、明天，但超過明天的事情就很模糊。五歲孩子開始了解一週，可以知道今天是星期幾。如果孩子沒有一週的概念，常常會出現已經答應要買給他，孩子還是吵著明天就要，等到後來變成爸媽在生氣。這並不是孩子個性拗，而是他的時間概念還不成熟。

這時候最好的方式是，在客廳掛上月曆或貼上功課表，每天出門前讓孩子知道今天星期幾。老實說，我們也不能責怪孩子，以前孩子的生活非常規律，時間概念比較容易建立。但現在孩子真的有太多才藝課要上，連大人要記都有困難，更何況孩子年紀還小呢？所以，請先帶著孩子認識星期，會比你一直抱怨孩子還有用喔！

三、集點卡來了

集點卡，也就是代幣制度。當孩子表現好的時候，不要立即給予獎勵，而是運用貼紙或小卡片讓孩子收集，累積一週後可以兌換一次獎品。藉由給予貼紙、代幣的方式，延長孩子獲得獎勵的時間，讓孩子學會等待和忍耐。但是在使用時，爸媽最常犯的錯誤是「扣點」，請記得這個策略是給予獎勵，而不是給予處罰。想想看，如果你收集超商集點，結果三天沒去消費卻被店員扣一點，你會不會覺得很莫名其妙呢？

現在孩子生得少，每一個都是寶。因此爸媽無不細心呵護，深怕一時疏忽就傷到孩子。但是有時我們做得太多，服務太周到，卻讓孩子缺少了等待的機會，結果什麼都無法等，又如何培養耐心呢？

耐心不是靠鼓勵，也不是靠處罰，而是需要爸媽的帶領與練習喔！

03 總是停不下來

孩子有情緒，你都怎麼做？

孩子每天最期待看電視，每次事前約好看三十分鐘，但只要時間一到，關掉電視，就開始一哭二鬧三打滾，吵著還要多看一下。這個時候，身為家長的你會如何？

□告訴孩子如果不關，以後沒得看。
□算了，就再多看五分鐘。
□直接關掉電視，拔掉插頭。
□跟孩子好好的說，要他遵守約定。

樂樂的自制力總是很低，明明在事前都約定好看電視只能看多久，但時間一到卻又不配合。每次總要等到媽媽發火，直接關掉電源才停下來，但接著就開始大哭，發脾氣說還要看。

為何孩子總是無法自己停止？難道是不聽話嗎？

媽媽，我停不下來

「意志力」是一種高階能力，就像減肥時要面對美食的誘惑一般，對於五歲以前的孩子很難做到，因此孩子常常出現一玩就停不下來的情況。但是爸媽也不要沮喪，大約在五歲半之後就能漸漸發展出來了。

意志力和大腦的前額葉皮質區有關，只是這個區域的成熟速度較慢，需要花較長的時間才能發揮功能。意志力與孩子的年齡有相當大的關聯性，所以爸媽不要過度強求小小孩要控制自己，那是一種神話。不過由於進入網路時代，生活中充斥著越來越多視覺影音刺激，對大人來說是更多的娛樂享受，卻在無意間破壞孩子們意志力的發展，讓孩子越來越難停下來。

大腦與我們想的不同，並不是各區獨立運行的集合體，更像是一個資源分享的系統，當一個區域過於活躍時，另一個區域就會受到抑制。當我們在電腦螢幕前觀看有趣的網紅短片時，雖然是眼睛接受大量視覺刺激，但在腦中也出現戲劇性的變化，大腦枕葉的視覺區正在快速活化，當大腦中的血液大量送往枕葉時，負責抑制功能的前額葉區就受到抑制，當然意志力就變低了。

幸運的是，我們的大腦已經成熟，這只是暫時的過程，只要關上短片一切就恢復常態。但孩子卻不是如此，在他小小的大腦正在發展的過程中，反覆不停被暫停功能時，自然就導致意志力的發展變得比較慢。

大腦被搞糊塗了

孩子只要一玩手機、看電視，為什麼都停不下來呢？

除了意志力之外，還有另一個原因是孩子動得太少。這裡的「動」，不是只晃來晃去的散步或是站起來拿一下東西，而是需要中等強度以上的運動，並且持續二十分鐘以上。讓我們從一個感覺系統，前庭功能開始說起。

前庭功能，負責身體的平衡，用來察覺頭部空間中的位置。有些人很容易頭暈、容易跌倒、平衡感很差，都與前庭功能有關。當孩子在四、五歲時，正在發展高階平衡功能，所以特別喜歡走在花台上或平衡木，挑戰搖搖晃晃的感覺，並從克服中獲得成就感。這時也是孩子最適合學騎腳踏車的時候，因為腳踏車也需要良好的平衡感。

在自然界中，視覺變化一直都伴隨身體移動出現，幾乎沒有例外。換句話說，視覺與前庭覺往往是同時出現的，孩子的大腦也是如此認定。但是螢幕上的影片、動畫卻改變了這個千古不變的事實，明明眼睛看到的一直在動，但身體卻坐在沙發上一動也沒動。

當孩子看電視、玩手機時，我們透過欺騙孩子的大腦，讓他坐著不動，但大腦卻以為自己在動。不論孩子看得再久、花費再多時間，卻沒有辦法獲得絲毫的前庭刺激，又迫使孩子不停看下去，直到爸媽生氣的關掉螢幕才能解脫。其實，不是孩子不聽話，而是我們搞亂了孩子的大腦。

在孩子的意志力發展成熟之前，幫孩子控制好使用３Ｃ產品的時間，並且安排好規律的運動時間，才是最重要的事情。想想看，當孩子可以在生活中自然獲得前庭刺激，又何必在虛擬中尋求「假」刺激呢？

調整自己，改變孩子

意志力是需要消耗能量的。你有沒有發現？好不容易堅持一整天不吃甜點，但是在傍晚下班的時候卻特別容易破功。當我們疲倦的時候，自我控制能力也會大大降低。正因為如此，在跟孩子練習與堅持之前，請先注意孩子的體力是否良好，不要在疲累的時刻練習喔！

讓我們使用三個方式來幫助孩子練習讓自己停下來。

一、使用小沙漏

時間是一種抽象的概念，孩子雖然可以琅琅上口，但其實沒有多大的感覺。這時候與其使用手錶，倒不如使用沙漏，看著沙子一滴一滴流失，更能讓孩子有感覺。在給予孩子時間限制時，請注意不要給超過「十分鐘」，半小時對孩子來說根本不具意義。我更常說的方式是「玩這一局」，孩子們更能接受。這裡要提醒爸媽，給予「時間限制」時，必須陪在孩子身邊，當孩子快完成時就要說「時間要到了」，千萬不要讓孩子開始新的一局，不然一定又會造成一團混亂。

二、以回合為單位

孩子不願意停下來，絕大多數是快完成，只差一點點了。這時如果你直接沒收遊戲，孩子馬上就會崩潰大哭，畢竟他已經努力了好一陣子，突然什麼都沒有了。從這角度來看，將事情做完有始有終也很重要，但是時間已經太晚，那應該如何取捨呢？其實，爸媽可以不要用時間單位，而是改以回合為單位，這樣就可以減少衝突。如果時間真的很急迫，需要趕快結束，爸媽可以簡化遊戲規則來加快遊戲的速度，或是跟著孩子一起做，來幫孩子完成。

三、完美的結局

孩子還要繼續玩，另一個原因是還沒有「贏」。因為還想獲得勝利的成就感，驅動孩子不停做下去。從這個觀點來看，真的還滿正向的。孩子努力挑戰失敗，一直到成功為止，特別是在玩規則性遊戲，因為有明確的輸贏，孩子常常會不願意停下來，纏著大家陪他一起玩。這時「見好就收」就是最重要的關鍵，有技巧的在時間結束前讓孩子贏最後一場，當孩子滿足了，也就不會鬧脾氣了。

很多爸媽會執著的想說，這樣不是放水嗎？這樣如何訓練到孩子的挫折忍受度？其實孩子可以練習的機會很多，不需要執著在已經沒有時間的此刻，當你真的把孩子戳爆了，又抱怨孩子停不下來，不是自找麻煩嗎？

當孩子不願意停下來，最重要的不是和孩子說「時間不夠了」，他鐵定一點感覺也沒有。試著讓孩子想一下接下來要做的事，帶孩子趕快離開現場。當孩子脫離當下的情境，自然就擺脫掉情緒的控制，才會變得容易講道理喔！

04

忍不住挑人語病

孩子有情緒，你都怎麼做？

孩子常常在人行道上奔跑，總是令爸媽提心吊膽，但當大人提醒他不要跑時，孩子卻挑起語病說：「我沒有跑，我是快走！」頓時讓人臉上三條線。這個時候，身為家長的你會怎麼做？

☐責備孩子愛頂嘴、沒大沒小。

☐算了，回家再處理。

☐好聲好氣的跟他說明爸媽的擔心，希望他配合。

☐請他立刻停下來道歉。

小婷很會講話、反應很快，但總是愛趁機挑人語病。當媽媽正在說教時，有時一急容易說錯話，小婷就會挑媽媽語病，讓媽媽氣勢大減又哭笑不得。在家裡也就算了，但在外面聽到別人不小心說錯話時，總是很誇張的嘲笑或指正別人，真是讓爸媽尷尬不已。

孩子為何會忍不住挑人語病？需不需要阻止呢？

練習保護自己

「挑語病」這個症頭好發在五至六歲，幾乎每一個孩子都會出現，只是時間長短的問題。絕大多數的孩子會在小學二年級下學期結束，學會如何控制自己。這並非是孩子個性不好，而是由兩個原因造成的。

第一種是孩子開始真正進入學業學習，了解每一個字都有標準的唸法，不是只要差不多就可以了。這時孩子一唸錯，老師往往會要求再說一次，當然孩子也習以為常。第二種原因是，孩子對於不知道的答案充滿好奇，迫不及待想知道「正確答案」，喜歡猜謎、謎語、笑話等小遊戲。孩子只要聽到一個有趣的謎題或笑話，就迫不及待回家考爸媽也很常見。

基本上這兩種都是好事情，只是碰上了另一個小插曲——情境分辨。孩子雖然很會說話，但常常不會分辨場合，就導致大家都很尷尬。

我們從發展的角度來看看孩子為何喜歡挑人語病。大班的孩子特別喜歡挑語病，其實是想要學會「保護自己」。隨著年紀長大，當孩子被人冒犯時已經可以忍耐，知道不可以生氣和動手打人。但是明明已經講了，為什麼對方就是說都不聽，既然不能動手，也就只能動嘴！

因此，孩子們嘗試在不動手、不罵人的前提下，練習如何在最短的時間內讓對方不舒服。挑語病、鬥嘴就是一個最好的練習，找到別人說話的漏洞、邏輯上的錯誤，要別人不承認錯誤都很難，進而達到社交上的優勢。只是練習總需要對象，家裡的兄弟姊妹最好了，反正自家人跑不掉，也不用擔心得罪他。

所以這段時間內，孩子們只要湊在一起常常就鬥嘴鬥不停。這不是孩子故意愛鬧弟弟或妹妹，只是需要找人練習。如果家裡只有一位寶貝（或兩位年齡差距太大），孩子沒有練習的對手時，自然只能找爸媽練習，親子衝突就變得很多。

別人也這樣說

挑語病本身不是大問題，問題是孩子說話不看場合時機。每個孩子都有一段這樣的時間，只是看說話的對象是誰。想想看，一個孩子在學校裡被欺負，如果只會悶頭掉眼淚卻一句話都說不出來，不覺得也是一個大問題嗎？

我並不建議爸媽使用高壓方式，當孩子才要「解釋」就板起面孔責備孩子，雖然在短時間內有效，但等到孩子長大後什麼都不和你說，到時又有更多問題。如同剛剛說的，孩子最大的問題是不會看場合，而不是找麻煩，所以引導的重點在於分辨場合。

孩子常常是別人說什麼，馬上透過腦袋瓜記下來，雖然可以熟練的複誦，但常常搞不清楚背後的意涵，害自己受到責備。這時威脅孩子不可以說，孩子可能會很混淆，特別是如果他身邊的人都說不停，甚至會覺得爸媽偏心、不公平，引起次發的情緒問題。

如果孩子愛挑語病已經造成家裡的衝突時，爸媽首先要注意孩子在生活中，是否經常和國小三、四年級的孩子相處。這些大哥哥大姊姊在情境判別已經成熟，常常見人說人話、見鬼說鬼話，私底下講一些五四三的，但只要看到叔叔阿姨一出現，馬上變得超有禮貌，所以倒楣的就是那些還搞不清楚狀況、說不停的小孩。

透過減少相處的頻率，孩子自然不會說一堆奇怪的話，也可以減少衝突。此外，爸媽要以身作則，不要一直挑孩子的小毛病，避免一點點小事就放大一百倍來數落他，那孩子自然也會有樣學樣。

調整自己，改變孩子

請先放下我們的擔憂，不要覺得孩子是在挑釁，當作孩子只是在練習。當然也不是委屈自己，讓孩子對自己頤指氣使。可以跟孩子說：「不可以在爸爸媽媽面前這樣說！」這樣就可以了。讓孩子學會了解情境，問題會更容易解決。

讓孩子快一點脫離這個尷尬的時期，我們可以使用三個方式來幫助他們。

一、嘴巴停下來

挑語病是一種語言邏輯的遊戲，對孩子來說非常有趣，有點像是在玩腦筋急轉彎。孩子並不理解爸媽生氣的理由。當我們生氣的責備孩子時，只會誘發孩子的原始情緒反應，激發他想反駁的意圖，反而更停不下來。爸媽可以事先和孩子定好「暗號」遊戲，例如當我們說「大嘴巴」時，讓孩子回答「閉起來」之後就安靜不說話，之後多練習幾次後，每當孩子一聽到，就會把嘴閉緊，自然就可以停下來不說了。

二、說好聽的話

不要將心思都放在「阻止」上，而是鼓勵孩子去「表達」。孩子的記憶力有限，當裝滿新事物時，自然會遺忘不恰當的事情。當孩子很喜歡挑語病時，引導孩子去玩猜謎、講成語等等，都能有效抑制孩子的負面行為。很多時候，我們越常提醒孩子不能說，反而不是幫助孩子遺忘，而是在促進孩子的記憶。帶著孩子多說好聽的話，當孩子說話好聽，即便是偶爾說些奇怪的東西，我們自然包容度比較高。

三、眼睛要看人

挑語病與開玩笑，只有一線之隔，差別就是在會不會「看臉色」。臨床上，愛挑語病而惹上麻煩的孩子，許多都是卡在眼神注視不佳。因為講話沒有習慣看著人，自然無法搞懂別人的表情，惹人生氣還繼續說個不停。因為無法理解別人情緒與感受，當然在社交互動上就大打折扣，甚至會缺乏同理心。要求孩子在說話時一定要看著人，並不是老生常談，而是在保護孩子。爸媽可以跟孩子玩「大眼瞪小眼」的遊戲，彼此互相看著對方眼睛，誰的眼睛先跑掉不看就輸了。藉由遊戲，孩子會更有練習的動機，自然而然就會進步了。

「挑語病」和「愛鬥嘴」都是孩子發展過程的其中一個階段，不論早晚都一定會出現。請千萬記得，這不是孩子脾氣不好，而是他們在學習保護自己的過程。孩子的成長需要時間，爸媽要有多一點耐心喔！

05

整天氣噗噗

孩子有情緒，你都怎麼做？

孩子常因為小事生氣，像是沒有排到第一個或者跟他開個小玩笑，他總是反應激烈、大吼大叫，甚至打人踢人。這時，身為家長，你通常怎麼做？

□跟孩子說有什麼好生氣的，明明就沒什麼。
□警告孩子停下來，不能大叫或打人。
□忽略孩子的反應，繼續開玩笑。
□處罰孩子不適切的行為反應。

小同很容易被激怒，一點小事也會反應激烈的大叫，或追著別人跑，因此同學就更愛逗弄他。問他為什麼生氣，又沒辦法說清楚，搞到大家都不愉快。他也老是生氣及抱怨同學或老師對他不公平，都不讓他當第一個或示範，真是讓爸媽和老師傷透腦筋。為何孩子就是那麼愛生氣？不能夠忍耐嗎？

感覺調節出問題

孩子愛生氣，我們總直覺是孩子個性不好，但其實不一定，更可能是「感覺調節」出了問題。大腦在處理外在感覺訊息時，環境刺激經由眼睛、耳朵、鼻子、皮膚等感覺器官接收後，透過神經系統傳遞至腦部，首先會傳遞到視丘，將雜訊刪除並調整強度，之後才會再傳遞到大腦皮質做進一步分析和詮釋，最後轉換成我們對於環境的知覺。

例如你和好友約在咖啡廳碰面，在吵雜的咖啡廳中有各式各樣的聲音，旁邊情侶的聊天、對面的阿姨在抱怨、音箱播放著爵士樂、咖啡機的蒸氣聲等等。仔細分析一下，其實有一大堆環境噪音，但是你卻完全聽不到，只是興致高昂的和好友聊天。這正是我們腦中的感覺調節可以正確運作，幫助我們過濾掉不必要的刺激。它是一種自動化的機制，不能用意識來操作。

相反的，如果「感覺調節」出了問題，所有的感覺刺激都無條件放大，那可就麻煩了。這會導致孩子感官過度敏感，而將一般人覺得無所謂的刺激也視為威脅，進而誘發「邊緣系統」的活化，出現生氣的情緒反應。他們往往討厭別人輕輕的碰觸，卻又熱愛尋求用力擠壓，然而因為感受的與眾不同，導致「同理心」的發展出現困擾，產生人際互動衝突。

但請記得，孩子不是脾氣壞或個性差，只是太過敏感。爸媽在協助上不只是教導道理，更重要的是調整感覺，並了解自己的感覺和別人有所差異。

情緒不是靠忍耐

不生氣不是要靠忍耐。如果一味的忍耐，總會有火山爆發的一天，而且壓抑越久，反彈越大。

情緒不是靠忍耐，而是一種「選擇」。當面對讓你生氣的事情時，你可以選擇正面迎接挑戰，也可淡定的放它過去。關鍵在於你的選擇，而不是事情的本身。只是我們太常用「大人的思緒」來教導孩子，卻忽略孩子的年齡與發展歷程，孩子們最需要學習的不是「對錯」，而是「原諒」。

也許是我們常教導孩子要據理力爭，如果自己做的對就不要認錯，弄得孩子像一隻鬥雞，卻又要孩子學會忍耐不生氣，不覺得這樣很矛盾嗎？對錯是要看立場，立場不同，對錯也不一樣。對於以「自我中心」為思考的孩子，連推論別人在想什麼都搞不清楚，又如何能站在別人的角度來思考呢？

並不是說對錯不重要，而是孩子需要先學會「原諒」。當我們把「原諒」當成一種懦弱，只是在用別人的錯誤來處罰自己，搞得自己每天心情很糟而已。這其實是我們大人世界的觀點，而不是孩子的想法。

仔細觀察六、七歲孩子的互動，你會發現孩子常說：「我這次原諒你，下一次你也要原諒我。」原諒的本質是一種「互惠」。當別人做錯時我原諒他，下一次我犯錯時他也要原諒我。為什麼要原諒別人？因為我也有可能犯錯的時候，需要別人原諒。這才是人際互動發展的正常歷程，然而，我們的孩子有先學會「原諒」嗎？

承認自己不可能完美，才能讓心柔軟去關懷別人；學會原諒別人的錯誤，才不會用別人的錯誤來懲罰自己。在孩子學會原諒之前，要讓孩子有被原諒的經驗，那才是最重要的關鍵。

調整自己，改變孩子

當孩子情緒波動大，需要的不是和孩子說道理，而是協助他調整感覺。當孩子對外在感覺的詮釋正常，就不容易生氣了。我們可以試著使用三個原則來幫助孩子看看。

一、多多按摩

我們心情不好時，特別需要別人的安慰與擁抱，透過持續而穩定的觸覺刺激，可以幫助我們穩定情緒。但是爸媽要記得，同樣是觸碰，效果卻不同。輕觸會誘發神經系統的活化，如同搔癢會讓孩子很興奮；壓觸會促進神經系統的穩定，如同擁抱會讓孩子平靜。透過按摩來幫孩子觸覺正常化，較不會因別人無意的碰觸誘發情緒，情緒控制能力才會進步。這裡必須提醒爸媽，如果孩子對觸覺過度反應時，請不要再和孩子玩搔癢的遊戲，那只會讓孩子對於觸碰的反應更加抗拒，甚至導致出現攻擊行為。

二、減少競賽

運用分組比賽來增加動機，讓孩子更投入在學習上，是課堂上常用的教學策略。但對於感覺調節不佳的孩子，很容易被過度刺激而誘發情緒反應，不是贏了興奮過頭，就是輸了鬧脾氣，反正輸贏都會很倒楣。然而，對孩子來說，誘發生氣反應的並不是「輸」，而是同學「害」他輸。自己做不到所以輸了並不會生氣，但是自己很努力，分組輸了才會爆炸。盡量減少分組競賽可以有立即的幫助，之後再讓孩子學會原諒別人，解決愛生氣的問題。

三、少用手勢

說不贏人才會愛生氣。研究發現，在四歲時，兒童的語言表達能力可以用來預測日後國小是否有情緒障礙的風險。愛生氣的孩子，常常因為無法有效說出自己的感受，而大量用手勢和動作，但又因為動作太大、太誇張，導致別人覺得有「威脅」而向老師告狀。很多時候，孩子覺得不公平，是因為老師都不聽他解釋，但是如果孩子說二十分鐘都說不清楚，你覺得應該怎麼辦呢？孩子最需要的練習不是忍耐，而是學會說話，學會如何簡短的把事情說清楚，並盡量減少誇張的手勢以免引起誤會。引導孩子描述時，可以先寫出「人、事、時、地、物」，幫助他找到重點。

不論你是嚴格或溫柔，只有當你貼近孩子的心，讓孩子感受到你的接納，孩子才會願意改變。請記得，孩子不是個性差，只是感受與眾不同，需要的是被理解，而不是處罰。

06

腦波弱

孩子有情緒，你都怎麼做？

帶著孩子逛玩具店時，孩子看到別家小孩買什麼也要買，其實家裡已經有不少類似的玩具，也答應孩子可以買其他家裡沒有的，但孩子就是很執著要那種，不順從就開始來個滾地哭鬧。這時候，身為家長的你都怎麼做？

☐好吧，就買吧。

☐堅持不買，直接選另一個孩子可能喜歡的。

☐跟孩子講道理，不見得要跟別人一樣。

☐不要拉倒，都不要買。

小欣在學校看到同學有什麼，就回家跟爸媽說自己想要，明明家裡已經有幾乎一樣的東西。小欣又沒有多喜歡那個卡通人物，卻為了和朋友一樣，硬是要買一個，不答應就開始哭鬧。

孩子的腦波弱，很容易受朋友影響，沒有自己的主見及想法，真是讓爸媽擔心啊！究竟該如何與孩子溝通呢？

擔心和別人不一樣

孩子在大班之後，突然有段時間變得擔心自己跟別人不一樣，一下子要穿佩佩豬的襪子，一下要買角落生物的鉛筆盒，但孩子不是故意鬧脾氣，而是希望可以在團體中得到矚目，並且受到全體的接納。因此他會非常在意別人有什麼，透過自己也有這些東西，讓自己感受到歸屬感。這情況之後會消失一段時間，等到十歲左右又會因為班上出現「小團體」再度出現。為何孩子會那麼在意別人呢？讓我們從生物學的角度來看看。

人類並不像獅子一般的孔武有力，需要依靠群體合作才能生存，因此能否融入群體中也攸關生死。現代的生活中，這樣的群體模式已經被遺忘，但是這種求生本能卻深深烙印在我們的DNA裡，甚至引發焦慮或憂鬱的感受。

人們在沒有特別的思考下，本能的會跟隨旁邊的人去做相同的事情或下決定，但是在心裡卻以為是「自己的決定」。這在心理學上，稱為「羊群效應」。

這有兩個好處，一是簡化自己的選擇；二是確保自己的安全。然而這樣做的缺點是缺乏思考，盲目仿效別人，有可能無法做出最符合自己需求的決定。問題是，孩子要到幾歲才能「理性思考」，做出符合自己需求的決定呢？

從「棉花糖實驗」的研究發現，在五、六歲時，孩子可以使用「脫離策略」讓自己分心來抑制當下慾望；在九歲時，孩子才能開始運用「冷靜聚焦」，將感受與理性分開，好做出最佳決定。由此可見，爸媽不需要對此過度擔憂，孩子長大需要一些時間，不用操之過急。

幫別人做決定

「腦波弱」的背後情緒其實是擔憂。孩子擔心自己做的決定不好，才會想要和別人一樣。好不容易提出要求，結果一被拒絕，情緒受到擔憂的綁架，就會出現哭鬧反應。

這時讓孩子有做決定的經驗就很重要了。要如何正確引導孩子，這裡有一個小技巧。不要去問他：「你真的想要嗎？」改說另一句話：「如果是XXX，他會想要嗎？」

當面對一個誘惑物時，有一種策略可以協助我們避免情緒化的決定，而運用理智來思考，也就是「想像別人會如何做」。大腦影像科學發現，當我們想到自己的需求時，掌管情緒控制的邊緣系統就會活化，變得更為情緒化。但在幫別人做決定時，負責抑制功能的前額葉皮質區被活化，進而增加了自我控制的能力。換句話說，當我們在幫別人做決定時，往往更為客觀理智。所以只要試著換個「主詞」，就可以幫助孩子踩下煞車。

當我們在說服孩子時，不停的問：「你想要嗎？你為什麼要？你真的喜歡嗎？」在動機上，我們是希望確定自己喜歡，但事實上並沒有幫助到孩子，反而讓孩子更執著於「感受」，又如何能夠「理智」的做出決定？我們真正要做的，只是換一個說法，結果就會很不同。

我最常用的一句是：「你幫媽媽（爸爸）選一個。」這樣反而可以引導孩子做出最好的決定。如果你覺得孩子的選擇太幼稚，可以將主詞改成大哥哥；如果你覺得孩子選擇太難，只要將主詞改成小朋友，孩子就會做出不一樣的決定了！

調整自己，改變孩子

爸媽都是疼愛孩子的，但不建議百分之百的滿足孩子，那只是剝奪他們練習自我控制的機會。直到有一天，當他的需求超過你能承受時，你又該怎麼辦？五至六歲是自我控制發展的關鍵，讓我們從三個角度出發，來幫助孩子看看。

一、跟孩子說不

前些陣子「戒糖有神效」的網路文章爆紅，許多爸媽都奉為圭臬。很多人認為是吃糖讓孩子過度興奮坐不住，所以只要不吃糖，孩子就會變乖。其實，孩子變乖和糖並沒有關係，而是「戒糖」讓我們學會了跟孩子堅持，學會拒絕孩子。想想看，如果我們所有事都是說好，孩子如何能學會跟別人說不。訂出家裡的規範，學會跟孩子說不，才是我們該做的事。尊重孩子的選擇，必須在符合規則的前提之下，如果是一定不可以做的事，請不要再詢問孩子的想法，直接拒絕就可以了。如果你不知道該如何拒絕孩子，那也可以從「戒糖」開始喔！

二、培養自信心

孩子不敢自己做決定，才會盲從的依賴別人，別人說什麼就去做，追根究柢是由於缺乏「自信心」。幫孩子找到生活中的亮點，擴增孩子的生活經驗，幫孩子找到可以和朋友們一起分享的大小事，就會變得越來越有自信。雖然減少比較、增加讚美，也是很常用來增加自信的策略，但是爸媽千萬要記得，要讚美孩子的努力而非天賦，才會有效果喔！

三、我自己買的

對於什麼都想要買的孩子，除了幫孩子轉移注意力之外，給予孩子零用錢，讓他存錢自己買，也是一個很好的策略。不論什麼東西，光是和朋友說：「這是我自己買的。」講話就可以比較大聲。

建議五歲以上的孩子，可以自己存一個小撲滿，當孩子可以做到存錢的動作，就可以給零用錢。孩子透過從自己的錢包拿錢出來的過程，更能思考這個東西到底是否需要。在這裡有一個小技巧，不要問孩子商品的價格，而是想一下「買了還剩下多少錢」，更能誘發大腦思考，也更能踩下煞車。

在這個凡事都說好的時代，爸媽也要學會向孩子說不。只有孩子懂得拒絕別人，才不會人云亦云，缺乏自我判斷的能力。

光光老師的高情商教養學

跨越情緒教養關卡，磨人精也可以變身小天使

作者／廖笙光（光光老師）

主編／林孜懃
封面設計／萬勝安
內頁設計排版／陳春惠
內頁插圖／林一先
行銷企劃／鍾曼靈
出版一部總編輯暨總監／王明雪

發行人／王榮文
出版發行／遠流出版事業股份有限公司　台北市南昌路2段81號6樓
電話／（02）23926899　傳真／（02）23926658　郵撥／0189456-1
著作權顧問／蕭雄淋律師
□2020年3月1日 初版一刷

定價／新台幣350元（缺頁或破損的書，請寄回更換）

ISBN 978-957-32-8730-8

遠流博識網 http://www.ylib.com　E-mail: ylib@ylib.com
遠流粉絲團 https://www.facebook.com/ylibfans

國家圖書館出版品預行編目(CIP)資料

光光老師的高情商教養學：跨越情緒教養關卡，磨人精也可以變身小天使 / 廖笙光著. -- 初版. -- 臺北市 : 遠流, 2020.03
面；　公分
ISBN 978-957-32-8730-8(平裝)

1.親職教育 2.子女教育 3.情緒管理

528.2　　109001379